TRIAL & ERROR

嘗試，直至我們找到出路

王育娟

III. 一百五十日的實驗紀錄

IV. 嘗試與探索——如何在城市尋找出路

未完的故事

司徒咏姍

Trial and Error Lab co-founder

雖然，我是以 Co-Founder 的身分被邀請寫序，但我覺得自己只是 Trial and Error Lab 的其中一位 Fellow。當大家為自己的創作、工藝和品牌努力時，我也是在旁一起邊做邊學，有時抱頭掙扎，有時開懷慶祝。

我學習的，不止是如何和絹及許多同工好頭好尾、堅堅實實地，共同實踐一個未曾想像過的計劃；更重要更深刻的，是學習如何在日常生活中，每天的跌跌碰碰裏，常存願意繼續嘗試的熱情。

相信前方有未曾看過的景色，相信繼續走下去的意義。

老老實實，我從小到大都沒有什麼過人的天分，極其量就是一個記性頗佳，填鴨制度訓練出來的「考試機器」。資質還是其次，動力才是重點。我好像從來都沒有試過為了責任以外的任何事情，日以繼夜、狠狠地付出。所以，每一次當我看見身邊的人，有一個堅定的目標或方向，正不斷為此而努力時，我覺得他們

真的是閃閃發亮。彷彿，在他們身邊的我，也被照亮了一點。

現在想起來，這是我一直在機構工作，不捨得離開的原因。從前，做書誌《Breakazine》和網媒「一小步」的編輯，我常常被受訪者的光照亮；後來，在 Trial and Error Lab，我還可以近距離跟 Lab Fellow 一起工作、生活——是因為見證他們的熱血，我們才更有動力衝出自己的安舒區，做更多拓展工作，把他們的目標和才華與更多人分享。

嘗試的精神，是會互相傳染的。

Lab Fellow 還有另一件事，讓我十分羨慕：一種可以全身投入的志趣／工藝／愛好。

這本小書裏有不少篇幅，記錄他們為自己的工藝品牌付出的心血。沒有宣之於口，但你應該會感受到其實是愛（熱情也不夠用來形容！）。他們都很愛自己的工藝。

我有一個很喜歡打籃球的好友，球技不是特別好，只是純粹很喜歡打籃球。他曾經說過：「籃球好像是我的錨（Anchor），無論我去到哪兒，順境或逆境，輕鬆或憂慮，只要搵到街場，買個籃球，大汗淋漓地打個半小時，我就會定下來。」他沒有成為球星，但籃球真的是他的出路。

在 Lab 的幾年裏，見過許多蝦碌場面，唯獨是每次當工藝師們開始做創作，講解自己的作品，或是教班，就會發出一個讓人很安定的氣場。在一切的紛亂裏，真的像船下錨、靠岸了。只專注在手上的皮革、銀器、插畫、手造書等等。這些畫面，常常讓長期處於焦慮的我，立時靜下來。

也許日子總有起有跌，但如果能抱着一件你愛的事，無論這個世界再混亂，你身在何處，也不致於被吞沒。

我認為，是因為有在 Trial and Error Lab 兩年的日子，被大家的努力和專注光照過、鼓勵過，我後來才有勇氣，認真想自己有什麼未完的目標，慢慢地踏出去——因為我也被大家嘗試的精神感染了，我也決定要抱着自己喜歡的事情，出去闖，出去撞板之後再起身，繼續行。

衷心感謝絹完成了這本小書，記錄了我們和許多同工、Fellow 如何開展 Trial and Error Lab 的歷險，甚至把這些年來的經驗都煉成了心法。這本書大概不會讓你得到什麼品牌發展竅門，或是 Co-working space 經營大法，但希望你也會被鼓勵，嘗試為自己、為愛的事，一起尋找出路。

只要繼續試、繼續行，故事就不會完。

2022 年冬至，德國法蘭克福

回應時代的「創業精神」

蔡廉明
青年工作者

收到《嘗試，直至我們找到出路》的稿件，一口氣就讀完，重溫了 Trial and Error Lab 由 2016 年成立至今的片段。謝謝王育娟詳細整理並記錄 Trial and Error Lab 計劃的理念、事工、營運模式、人物及故事。Trial and Error Lab 是我在「突破」負責的文化及影音媒體部一個全新的計劃，由最初一百五十天實驗期的先導計劃（Pilot project），到後來發展成一個全面支援青年人投身創新行業的平台，正正實踐了書名《嘗試，直至我們找到出路》，而這句也是 Trial and Error Lab 的 Tagline。Trial and Error Lab 不單是一個共享工作空間，更協助 Lab Fellow 尋找適合自己的發展方向。特別感謝王育娟和所有 Lab 的管理員，這本書是你們在 Trial and Error Lab 努力七年的「成果展」！

記得早在 Lab 成立之前，有一次與同工分享，在一間像「突破」有多年歷史的機構做青年工作是需要有「創業精神」（Entrepreneurship），意思是策劃事工需要有開創性及冒險精神，並且能夠回應新世代的需要。想不到後來在一個偶然的機會下，同工們藉着一百五十天的實驗期開展了 Trial and Error Lab 這個計劃。最終能夠成功「創業」，實在為同工們感到興奮，當然整個過程經歷很多高低起跌，這本書正記錄了同工們的反覆試錯，艱辛的「創業」經歷。不過，最開心的不是這個計劃成功開展，而是能夠與一班 Lab Fellow 結連，Trial and Error Lab 在七年間建立了一個青年文創工藝師的群體，管理員與他們一起探索前路，「嘗試學院」提供的課程協助他們創業並發展品牌。Lab Fellow 的故事也成為這本書很重要的部分，他們的故事有助於其他有意從事文創行業的青年人，找到開始的方向。

「突破」多年來為青少年提供多元創新的服務，很多時是在資源有限下，以一些小型的先導計劃開始，當計劃能成功推展，會將理念及實踐的經驗整合，出版書籍，將經驗分享，甚至推動其他機構實踐類似計劃。相信《嘗試，直至我們找到出路》能啟發一眾青年工作者嘗試推動創新的社會服務計劃，鼓勵青年人有「試錯精神」，在失敗中學習，堅持直至找到屬於自己的路。

有人陪你試錯

龐一鳴

社區營造者、一拳書館館長

一直認為《社會為何對年輕人冷酷無情》的書名實在太犀利，一針見血點出社會放棄一整代青年人的現況，未細讀內容已經激發共鳴和思考。在這個城市，當一切前途問題，都一律建議到大灣區發展時，青年人好難再對大人有什麼期望。

在這樣的社會大勢下，竟然有機構想起青年職志，要發起一個 Lab 跟青年人同行試錯，不理跌打損傷，直至找到出路？沒有可能，一定是幻愛。

要判斷一份感情的真偽，當然要從細節着眼。

Trial and Error Lab 提供空間，聚合一班想用手藝行走江湖的職人，幾位管理員跟他們朝夕相對，營造群體。雖然職涯難免單打獨鬥，但有一班人陪你前行，令到這一群年輕人在冷酷無情的社會中感到久違了的溫暖。無論提供意見導引、情緒支援，安排培訓、策劃策展，Trial and Error Lab 應有盡有。以上是我這些年來親身參與和在旁觀察的感想和發現。

《嘗試，直至我們找到出路》就是這場疑似幻愛的真愛紀錄。就像一本日記，你會讀到計劃的源起、準備工夫、上路的興奮、途上的困難，亦有幾位職人試錯的實戰經驗。有志參與社會創新的朋友固然會從這本書獲得甚有價值的參考，但筆者認為任何有份參與青年工作的朋友都會從這本書獲益。

近日因着一齣紀錄片的放映，大家多番討論成年人和青年人之間的權力關係，放諸於拍攝之外更廣闊的範疇又應該思考？又有什麼要注意？《嘗試，直至我們找到出路》雖然不是為探討這主題而寫，反而側寫出不少值得大家留意的地方。

由招募合適的職人參與（避免在使用工具／形式上互相衝突），計劃時主辦方跟參與者關係的命名（使用平等的管理員和 Lab Fellow 的定位和稱呼），到拿捏合宜的分寸（這始終是青年人的職涯，機構協助鞭策的力度大小需要摸索）。還有遇到衝突時的解決態度和方法。例如：年輕人用千字文數算機構問題，就算你認為有誤解，在無法證明誰對誰錯的情況下如何辯解？內部有不同意見，會否容許各人自由公開表達？安排 Lab Fellow 接受媒體訪問時被認為安排不公，如何可以解除大家心中的疑問？他們能夠虛心承認有時無法解決所有問題，只能接納和承受後果。正如我所說《嘗試，直至我們找到出路》並不是為相處和合作權力關係這主題而寫，但 Trial and Error Lab 中職人和主辦方非常緊密的共處和共事的試驗，也為關心這話題的朋友，呈現不少實在的思考空間。

活在一個對年輕人冷酷無情的時代，或許並不需要更多數十萬元的創業基金，更不需要指定一個地理上的灣區作為解決就業和前途的出路，青年人需要的是平等的互助關係，開放的意見批評交流，還有關心過程和成長而不只是結果和成績，有人陪伴中試錯找出路的經驗。

沒有停下來的試錯旅程

凌浩雲
香港浸會大學專業應用教授

感謝 Trial and Error Lab 的邀請，為《嘗試，直至我們找到出路》一書寫序。認識 Lab 已經五年了——2018 年，「突破」獲社創基金資助推行初創項目 Trial and Error Lab，我成為 Lab 的顧問，這些年見證着他們的發展。憑着敢於嘗試的精神，幫助對工藝有興趣的年輕人及中學生，提升他們的文化創意、興趣和能力。由「Trial and Found」（編註：後來的「盒嘢」［HubYeah］）、「嘗試學院」、「實驗室伙伴計劃」、「中學實驗室伙伴計劃」到「公眾試錯活動」，每一個項目都是環環相扣，全方位協助他們由零開始，推出自己的項目，進行市場測試和接收公眾的意見。

背負着機構的使命、同工的尊嚴、贊助者的支持，以及 Lab Fellow 的期望，這段試錯之路殊不簡單，但也不孤單。本書的作者阿絹以找到出路為主題，在每一個創意階段，分享各種挑戰。由起步至疫情，由抗疫到開關，Trial and Error Lab 一直沒有停下來。

還記得 2022 的 8 月，我們排除萬難成功舉辦 Trial and Error Fest，並得到朱其崑先生及楊子江先生的支持，成功推出市集消費券，參觀市集的朋友以優惠價買得現金券，推動文創消費，讓參與市集的本地文創品牌無後顧之憂。從商也好，從事任何計劃也好，旅途上總會遇上同路人及陌路人，我們應該怎樣去嘗試？答案就在這本書裏，請細心閱讀及探索，好好享受 Trial and error ！

在此我祝願「突破」和 Trial and Error Lab 繼續嘗試，突破界限。

Trial and Error Lab, literally

莊國棟

Rolling Books 創辦人、
七份一書店總策展人

如果要用一把尺來衡量 Trial and Error Lab（簡稱 Lab）的成績，我們可以從哪兒開始？

是 Co-working space 的使用率嗎？是進駐年輕工藝師的數目嗎？是市集中售賣的文創產品數量？文藝活動次數及出席率？媒體訪問曝光率？年輕人的文創品牌價值？甚至是有幾多位年輕人做了一年 Fellow 後尋到自己的人生方向？

我當然沒有參與 Lab 的社會效益量度（Social Impact Measurement）。我參與公民社會活動的這幾年間，老是與 Lab 在某種意義上平行發展，見證到 Lab 的成長與轉變，從裝修前那片綠色偽草地上開始，我總是跟 Lab 的管理員、導師、學員、Fellow 在不同領域交手：辦跑步讀書會、在古蹟說故事、網上演繹繪本、為閱讀主題畫書籤、在大南街辦展覽、於七份一書店辦講座，甚至有人成為我們的全職員工……所以，由我來做 Lab 的 Impact Measurement 的話，我會計算由 Lab 這間佐敦木人巷釀造出來的 Outcome：其年輕人創作力如何惠及這個文創圈子的不同伙伴，一方面輸出設計及生產力；另一方面，Lab 也為年輕人拓展 Slasher 的市場及就業機會。

Trial and Error Lab 的理念在於傳揚不怕失敗，這可能是一套老生常談的信念，但是對於當世年輕人來說，面對各種 Inequalities 的挫敗及無力感浸到上眼眉，Lab 對於嘗試、對於失敗的詮釋，帶着一點自家 Signature 的傻氣：Lab 沒有大肆為自己做品牌包裝工程，沒有一面唱好自己的文藝基礎建設，沒有為成功案例大拉 Banner，彷彿在示範給 Fellow 看，Lab 自身也是一仆一碌的走過來，自我演繹以 Trial and error 來營運一個 Trial and Error Lab。我納悶，到底是資源人手不足出現蝦碌，還是他們銳意以自己身位示範「失敗並不可恥而且有用」來激勵年輕人勇於嘗試，勇於失敗，更勇於量度失敗，讓經歷協助前進。或者這只是我一廂情願的陰謀論，但是，有着這個不只成功才開香檳的氛圍，正正就是年輕人需要的同行 Inspiration。Trial and Error Lab，裏裏外外 literally。

2016 年開始，營運 Lab 時候的這些蝦碌、這些 Out takes，現在卻一筆一筆記敘在這個開拓 Lab 的勵志（及爆笑）日誌：《嘗試，直至我們找到出路》。創辦人／管理員／褓母阿絹親筆公開這些挫敗學習，就是一種實踐示範。到底是不是真的試到找到出路為止？至少曾經有 Lab 伙伴的傻氣同行，過程燃燒的只不過是一點點青春的本錢而已。

導言

TRIAL 8

ERROR

在跌跌碰碰中，繼續摸黑前行

梁柏堅
突破機構副總幹事

每當看見同工們提出新點子，從意念轉化成行動，藉此回應世界和青年人的需要，甚至啟發其他人用他們的行動回應，我心裏總是湧溢着說不出來的興奮。

面對瞬息萬變的當下，過去的經驗彷彿一下子就變得過時，剛說出口的方案好像就要立即調整以應對新的局面。前人的經驗雖然寶貴，可是在過去這一個世紀，世界可不止翻了兩三番，不能什麼都照本宣科；什麼要變，什麼不變，什麼能為我們帶來警惕，什麼可作我們的借鏡，都是過去這些經驗和故事能給我們的養分，也是我們在閱讀時需要不斷叩問的主題。

《嘗試，直至我們找到出路》這本書，記錄了 Trial and Error Lab 從 2016 年開始的空間實驗，把意念的醞釀、誕生，到實踐、修正，然後再歸納、整理，真誠地記錄下來，好讓其他人能從這些實驗記錄中，啟發眾人審視自己手中的資源，抬頭尋找心意相同的伙伴，一起發掘前行的點子。

摸黑前行的勇氣

Trial and Error Lab 成立的過程，我不在核心位置，頂多只是一個有需要時就召喚過來的幫手。在此之前，在想法還不明確時，我眼前有兩個媒體項目，正好來到轉變的時機。

首當其衝的，是電台節目《新新青年互助委員會》的結束。因着電台方面的人事變動、節目重組，我們失去在大氣電波上廣播的時段，電台節目的義工培訓失去專業的實習平台，負責的同工也頓時失去打拼的場所。

其次是網媒「一小步」的轉型。起初「一小步」的出現，是為了記錄當時社區工作者的故事，他們如雨後春筍般發芽生長，彼此激發，為社區帶來無限生機。過程中我們遇到許多心懷理想的年輕人，他們有想法有理念，只是社會的文化偏向功利，讓這些有機會帶來美善的嘗試，湮滅於萌芽。在走訪過許多故事之後，同工不禁自問，我們又如何呢？他們所欠的實體空間，我們能擠出一點來成就這些美事嗎？我們還可以怎樣為這個城市多走一小步？

說句老實話，對我們這班多年從事媒體工作的人來說，空間營運的經驗實在欠奉。幸好，這個世界願意為美善的事業分享經驗的人也還不少，在本地的經驗以外，我們決定跑到台灣考察，從台南走到台北——從老舊的商業街的更新，到初創工藝師的共享工作空間；從不同專業的互補合作，到志同道合者的共居生活；從年輕人的彼此連結，到不同年代的經驗交流——每走訪一處，都給我們新的想像和啟發。回到香港後，電台與「一小步」的同工以先導計劃的形式，試行運作 Trial and Error Lab，過程中得到商業機構和個別有心人出資支持，讓同工感受到這個城市還是有許多人記掛着青年人的未來。而招募共享工作空間伙伴時，更感到還好有這個計劃，讓我們近距離看見夢想和創意是如何激動人心，為每一個願意真誠聆聽的人，點起腳前的燈，照亮前行的道路，鼓起踏出一小步的勇氣。

人是最重要的選項

共享工作空間的出現，不是個別地區的現象。全世界都有青年人選擇以斜槓的方式，以多重身分、多重職業，開拓職涯與生活的想像，而不像之前的世代那樣，以固定的、全職的工作身分去定義自己。

然而組織架構的改變需時，選擇成為斜槓族的青年人，往往需要自行創業，經營自家品牌之餘，還需要學習財務管理、時間管理，學習與人相處合作、建立人脈。一般共享工作空間只是純粹出租地方，提供硬件；而 Trial and Error Lab 則把重點放在青年人的培育之上，在硬件以外，更重視青年人的整全發展；不單邀請各方有能之士，舉行提升能力和視野的研習班，更創造不同的合作機會，讓青年人成為能彼此支援鼓勵打氣的同路人。

所謂生命影響生命，怎樣的人就會吸引怎樣的生命一起相聚。Trial and Error Lab 是一個重視人的地方，雖然我們有時也會犯一些低級錯誤，然而這也正好是人生的寫照，有限的人總有缺點，相聚一起總不會每天都風光明媚，失誤如何補救，衝突如何和好，都是既真實又有血有肉的經驗，也是本書最真誠的呈獻。

期待一個對失誤友善的社會

「嘗試，直至我們找到出路」不獨是這本書的書題，也是 Trial and Error Lab 的精神和口號。

這口號的出現，背後是我們對這個社會的呼喊。在競爭如此激烈的城市，成功就是王道，失誤是弱者的罪名，很難被人體諒。只是，害怕失敗，往往是創意枯竭的原委。沒有誰一出生就什麼也懂，一起步就能跑能跳，總是在跌跌碰碰中，懷着探索世界的希冀。當世界的變遷已超出我們的想像，人人都在尋找下一階段的出路時，不畏跌倒失敗，勇敢向前，是我們是否仍有明天的根本。

Trial and Error Lab 的資源有限，能接待的青年人有限，惟這裏的經驗，如果可以鼓勵正在打開本書的你，讓更多人分享到當中的經驗，在故事中得到啟發，審視自己能有什麼可以貢獻這個城市，鼓勵更多人不怕失敗，即使跌倒也再次起來，為自己為他人尋找出路，這本書所記載的故事，就不停留於一時一地的經歷，而成為移風易俗的起點。

I. 源起

TRIAL 8

ERROR

我們怎樣開始 Trial and Error Lab ？

2016 年 10 月，我和團隊帶着一個設想開始 Trial and Error Lab：「如果有一個地方容讓年輕人嘗試一些計劃，將會出現什麼新可能？」

我們不是一開始就有全盤的計劃，而是邊做、邊試、邊錯，慢慢摸索出這條路，這本書寫的就是我們邊試邊錯的紀錄。

故事的開始是這樣：Trial and Error Lab 的創始團隊中，大多成員做媒體出身，有做紙媒的，有做網媒的，而我則是做電台。我們各自在不同崗位上努力，從來沒有想過有一天會聚在一起，開展一個與過往經驗完全無關的計劃。

2016 年初，我負責主持的新城知訊台節目完成了接近二十年的歷史任務，因而變得游手好閒（？）。機構沒有解僱我，倒讓我融入其他事工，最後我加入了網媒「一小步」，那是一個關注社區議題的平台。

我在「一小步」遇上阿姍和 Gi。她們日後同是 Trial and Error Lab 的重要成員，而阿姍更是 Lab 的其中一位 Co-founder。

那時候，她們正在思考「一小步」的前路，報導社區故事已經好幾年，題材變化不大，而且關注社區的媒體愈來愈多，決意尋找下一里路。在過程中，忽然有一個大膽的念頭：如果不做網媒，又可以做什麼呢？

我們想起過往在媒體採訪的經驗，結識了許多有目標、有想法、有理想的青年，往往能從他們的眼睛看見熱誠，彷彿也看見城市的未來，是藏着不同的可能。我們一邊聽，一邊想：「如果他們的想法可以實現就好了！」

但是，他們不約而同地遇上一個問題，美好的計劃馬上打住了。

「都冇地方，啲租又貴，點做到喎！」十個青年，九個都如此回答，第十個連想也不敢想。

土地問題，固然是人所共知的困境，但與不同年輕人交流之後，這個問題似乎比我們想像中更加嚴重，更影響他們的未來。

到底有一個穩定的工作地方對發展新主意有多重要呢？

其實，我們也沒有答案。只是把這個問題收在心裏，一邊繼續訪問其他青年，一邊靜待上天的回應。

II. 孕育創新意念所需的土壤

TRIAL 8

ERROR

看見需要，開始尋找解決方法

正所謂「見微知著」，只要小心細看，便會發現所有的答案都藏在問題裏。有時，我們看見問題，看到人的需要，就開始尋找解決方法，甚至開展一些不曾預期的計劃。

有一次，我們訪問一個油麻地的社區單位「德昌里三號」。

負責人麒麟球本來是一間多媒體公司的老闆，但看見社會的需要，開始思考自己可以為社會做什麼。他看中油麻地是一個鄰里關係密切的舊區，想在這裏開展一個小小的計劃，於是賣掉正在供款的那層樓，租下德昌里三號的舖位，經營一個小小的空間 —— 由提供咖啡開始，至有輕食和私房菜，有時舉行電影放映會、交換二手衫。乍看之下，好像是一個社區中心，實際上更是一個社區空間實驗。

第一次聽這個賣樓租舖的做法，心想這件事好癲，而且他不只租用一間舖，而是兩間。

他在一次社區活動中認識了大狗。大狗夢想成為紋身師，卻苦無空間做工作室。「大熱天時，她坐在垃圾桶旁邊寫生，好辛苦。我叫她入來坐下，飲杯咖啡囉，後來傾偈，知道她的夢想，就諗：好呀，有夢想就應該去做。」

剛巧，「德昌里三號」不遠處一幢唐樓的閣仔放租，麒麟球索性把閣仔租下來，命名「德昌閣仔」，算是擴張「德昌里三號」的業務，不收分文讓大狗在這裏工作，兼幫他看門。

麒麟球說：「空間大了，可能性更多。可以開放出來，讓更多人來吃飯，可以做小型 Event，可以放電影。試過有剛出道的音樂人在這裏搞音樂發佈，週末又可以讓人學打銀器，當然也可以讓大狗在這裏做 Tattoo Workshop。」

平時有二手衫放在「德昌閣仔」給大家自由交換，電影會也移至這裏舉行。漸漸，「德昌里三號」與「德昌閣仔」就凝聚了一班想創作、想試新事物、想為社區做點什麼的朋友。

大狗也說：「有一個地方，就算好細好細，也可以讓我們試到好多嘢。有空間，就有可能性。」

大狗替麒麟球看舖，換取免費的工作室，在內練習、設計圖案，也能提供紋身服務。一個固定的地方能讓她專心做創作，提升技術水平，而得體的工作環境，

紋身師大狗在「德昌閣仔」有一個工作空間。

也使前來紋身的客人對她更有信心，一步一步實踐紋身師的夢想。

哪怕空間再小，也是創造出下一步的基石，這就是穩定工作空間的意義。

資源缺乏下，以創意解決問題

很多人還未嘗試，就因高得不合理的租金而卻步，但未必人人能遇上像麒麟球這種有心人。這是否意味他們沒有嘗試新事物的機會呢？

倒也未必，辦法總比困難多，只要有創意，一定有辦法解決。

以前做電台節目時，曾經訪問社區單位「蘇波榮」。那是一間在油麻地的店舖，以「三位一體」的方式經營，三間餐廳，同一個鋪位，但在不同時段營業。

如此突破性的經營方式是源自兩個字：「冇錢」。

經營串燒小吃的「蘇波榮」租了一個單位，想透過食物讓人與人重新建立關係，算是一種社會實驗。可是，經營了幾個月之後，因人手和資金不足，便向附近的社區單位求救，得到「德昌里二號 3 號舖」（不是麒麟球的「德昌里三號」），以及「活化廳」加入，變成一舖三店。

三個單位以合作社的形式營運，每星期各自經營兩三天，彼此分攤租金、分享人手，也共享柴米油鹽等物資，減省成本的同時，又令店舖的風格變得多元，由串燒到素食都有，迸發出意想不到的新火花。

他們的做法突破我們對空間運用的想像，誰說一間店鋪只可以由一個單位經營？

既然無法獨力支付高昂租金，就改由幾個志同道合的單位一起「夾租」，劃分不同時段輪流使用，以共用空間（Co-working）的方式降低嘗試的門檻，令他人有條件踏出嘗試的第一步。

資源少，迫人要以創意、思考解決資金不足和土地問題。眼見一群有想法、希望為城市帶來改變的青年，費煞思量地尋找空間和機會實踐心中所想，卻往往因着資源不足而無法開始，我們感到很婉惜。這不但阻礙他們的發展，也間接令我們的城市失去新出路。

於是，我們在想，平凡人如麒麟球，也憑一人之力租下兩個單位，為青年提供空間和機會。如果掌握更多資源的機構能夠為青年提供空間，我們的城市有更多的新可能呢？

試錯心法

“Every little step counts.”

即使只有一個人，也可以為別人，為社會帶來改變——哪怕只有一小步。

有空間聚人，就有新可能

既然發現青年做新嘗試時最需要的是空間，我們就從這個方向開始思考。

先打岔一下，我們平時在突破青年村工作。突破青年村位於亞公角山，面向吐露港，有草地，有海景，在這種山明水秀的環境下工作，我們常說這是一種另類的員工福利。

我們環顧身處的突破青年村，突然眼前一亮，發現這裏真的是一個好地方！這裏有空間，而空間即資源。或許在日常工作以外，我們也能好好運用這裏的空間，成為鼓勵青年做新嘗試的地方。

那麼，用來做什麼好呢？

在「一小步」時，我們認識了很多社區單位和年輕的社會行動者，個個非常忙碌，但多數單打獨鬥，久而久之各人都拖着極重的無力感。我們想，或者可利用偌大的突破青年村，凝聚他們，讓他們好好休息，也從中連結其他行動者，甚至藉着活動讓同溫層以外的公眾認識他們，擴大支援的網絡？

那麼，具體即是做什麼？……咳咳，先旨聲明，我們不知道，但肯定的是，不能只由我們幾個人的小隊負責，必須動員其他部門。始終在青年村舉行活動，涉及很多物流、行政與場地安排，這些都不是團隊的專長。當我們面對不擅長的事情時，習慣馬上承認自己不會的事實在太多，厚着臉皮找其他人幫忙 —— 這一次也是如此。

聚集背景相同的人，互相圍爐

因此，我們從小隊的專長開始構思活動內容（又名「識做乜就做乜」），並邀請其他同工一同參與。平時喜愛耕作的策劃菜園導賞、愛好音樂的着手打點草地音樂會、鍾情手作工藝的主理市集地攤等等，以跨部門的方式籌辦整個活動，最後命名為「突破山城節」。

山城節的主題是休息和連結，一連三日的活動包括住宿，開放青年村大部分的空間，包括平日不讓公眾進入的地方，讓參與者能在這裏放慢腳步，好好歇息，用心聆聽不同人的故事。

第一天是限定活動，我們邀請目標的社區單位和社會行動者，優先讓他們參與，安排他們在青年村 BBQ 和「宿一宵」。雖然每個單位的背景相若，但未必互相認識，就以飲食作為話題。正所謂輕輕鬆鬆冇負擔，正好是打開話題的良方。

大家圍在一起，一邊燒雞翼腸仔，一邊自我介紹。一開始，各人還有一點尷尬，但隨着食物愈燒愈熟，大家也愈來愈熟。

慢慢地，關注相若議題的單位自行坐在一邊談天，分享面對的困難，交流想法和心得。正因為背景相近，能夠互相給予意見，傾談以後，有些人解決了一些一直想不通的問題。

他們平日大多忙得天昏地暗，很少有機會跟其他單位交流。今次難得抽離工作處境，一起天馬行空地 Jam idea，雖然不能馬上落實具體計劃，至少萌生了一些意念。時候到了，或者就可以開花結果。

不同單位在草地上紮營，圍爐夜話。

BBQ 結束後，有人在營舍休息，也有人跟「社企醫生」進行深宵夜話。「社企醫生」是熟悉社企運作的前輩，聆聽社企負責人的困難後，提出改善營運的建議和意見。大家圍在一起討論營運的各種困難，如何尋找資金來源、怎樣平衡可量化的服務數字與不能量化的工作效益，以及市場化與服務初心的拉扯等等，還有工作上的種種氣餒。

社企醫生不是神仙，未必能一一解決大家的問題，更多的是行動者互相分享經歷：有人在初創的過程中先踏出幾步，回應其他行動者的疑問，也有人從低谷走出來，為迷茫的人帶來指引。

那一晚，好像開了一扇門。我們坐在當中，聆聽各人的分享，發現很多人孤軍奮戰了很久，一直苦撐卻找不到出路，變得灰心喪志。當有一個地方，讓志同道合的人走在一起，或者就有可能找到出路。各人的背景相約，面對的困難相似，不但可以交流意見，更可以互相鼓勵扶持（as known as 「圍爐」），幫助大家一起走下去。這是群體的力量，令人堅持嘗試。

行動者之外，同樣連結公眾

行動者除了需要彼此連結，也需要連結公眾，讓更多人認識他們的工作，擴大同行支持的網絡，才能持久地走下去。

結束了第一日給社區單位和社會行動者的優先場之後，「突破山城節」正式開放給公眾參與。

我們籌劃了更多的節目，既有手作市集、音樂分享會，也邀請了十多個社區單位參與故事地攤，透過與

山城節第二日，舉辦了不同活動，如菜園導賞、講座。

各個單位負責人面對面傾談，讓公眾能具體地了解他們的工作；又舉辦各種議題目的分享會，由討論市集的發展到城市的未來。

我以為這類文青活動，參加者多數是來逛逛市集、聽聽音樂、拍照打卡便算，沒想過參加者竟然積極參與各個研討分享會，與嘉賓來來往往對答，一起探討不同的社會題目。

「如果不是參加今次的活動，我都不知道有這麼多單位正為社會發展而努力！」有參加者跟我說。

這次參與的社區單位和行動者資源不多，平日較少曝光，這是一個很好的機會，讓大眾了解他們的工作，培養潛在的支持者。同時，公眾也需要這種機會，認識關注不同議題的單位。很多人想為社會多走一步，卻不知道從何入手，透過這類交流的平台，讓雙方開拓更多可能。

經過這三日的「突破山城節」，我們再一次確認，只要有空間，就有更多的可能性。當有空間凝聚人群，大家可以從中討論和交流，吸引更多人加入，編織更大的網絡。

有一個固定空間，可以聚集一群人互相鼓勵，彼此協助，一起學習，一起作戰，共同進步，也許會有更多改變社會的新力量出現？

試錯心法

"Don't take it personally."

很多人說，「識人有時真係好過識字。」的確，人脈是無形的資產，但如何累積人脈呢？

我多數透過參與各種活動，由展覽、市集、講座到放映會，自然地跟在場不同的人聊天，遇到有趣的人就記下來。漸漸地，你會發現一些熟悉的面孔。要是日後有機會，便主動聯絡對方合作。不要怕被拒絕，也不要認為對方拒絕你，就是否定你的價值，只要繼續認識下一個人就可以了！

互相信任，向着計劃進發

雖說空間對匯聚和孕育新意念很重要，但我們跟大部分想置業的香港人一樣：「啲地方咁貴，邊租／買得起喎！」

不過，世上有些事情，正如電影所說，「念念不忘，必有迴響」。

某天，我們得知機構打算收回突破中心一樓全層，進行與文創產業相關的新發展。一樓共有兩個單位，當時一個已空置，另一個則尚有五個月的合約。要等待合約期結束，機構才能開始新的發展。換言之，已遷出的單位有五個月的空窗期，情況猶如雞肋。出租期太短，難有人接手，若然閒置的話，又太浪費。於是，求地心切的阿姍和我有了一個鬼主意（嘻嘻）。

我們決定遊說機構高層把空置單位給我們使用！與其任由單位閒置，倒不如讓我們在單位做空間實驗，一個容許青年嘗試和撞板的空間，嘗試期限是一百五十日（五個月×三十天）。雖然不知道有什麼結果，反正不嘗試的話，也是空置。

為了遊說成功，事前的準備工夫要做足，我們在「一小步」的訪問日程外，還抽時間開「Jam Jam 會」(Jam idea 的腦震盪會議)，討論這個空間的目的和用途。

我們想起大狗的故事，認為要有工作空間讓青年專心鍛鍊技藝，同時要兼顧不同人對空間的需要，就浮起以共享工作空間 (Co-working space) 的方式經營，讓參加者可以選擇使用固定工作枱或共享工作枱進駐。不要以為我們一開始有詳細的想法，除了最核心的計劃，我們都是邊做邊想。

而當時我們的團隊，嗯，嚴格來說未算是「團隊」，因為主要負責構思這件事的人，只有我和阿姍。雖然大家相識已久，也份屬好友，但一直各自負責不同工作。她是《突破書誌 Breakazine》和網媒「一小步」的編輯，而我則做電台節目。今次是第一次正式合作，我甚至有點怕大家因公事吵架，破壞友誼 (幸好沒有)。後來，我們這二人的小隊，慢慢發展至一個團隊，互相補位，這當然又是後話。

可是，我們做媒體出身的，並不擅長經營空間，構思細節時不時遇到困難 (抓臉)。有一次，我們在突破輔導中心的房間討論細節時，遇上「腦便秘」，輔導中心的同工端來一碟上海烤麩，讓我們的精神為之一振。

醞釀新事工的過程確實很苦惱，但有人同行支持，願意補位扶持，好像容易走下去（好啦，美味的食物也是關鍵！）。

我們還在機構的內部分享會中，跟其他同工分享讓青年有嘗試空間的想法，甚至在公司 Canteen 吃早餐時，也跟同工「放風」，透露我們的想法。推動新的計劃，不但要有高層的支持，也要其他同工的理解和信任，才能向同一方向前進。

最後，也許是高層被我們的計劃書打動，又或者覺得一試無妨（預佐會蝕錢就唔使驚！），他們讓我們在閒置單位開展為期一百五十日的空間實驗！

當時，沒有人知道一百五十日後會怎樣，也無人保證計劃將會繼續，而機構也從未做過類似的計劃，高層卻不被過去的經驗局限，信任同工發展新事工的能力，願意投資人力物力。這份全然的放手，不但令我們感到被肯定，更體會信任對開展新意念的重要。

我們經歷過被信任，也影響了我們日後如何看待與 Trial and Error Lab 合作的伙伴。

試錯心法

「有危先有機！」

人在變動的日子中（例如：機構的權力移交，嘻），為了安全起見，容易採取守舊的方法。既然世界在變，往日行之有效的方式不一定行得通，倒不如擁抱改變，試試新點子吧！不過，想要說服別人起用新方法，先要想清楚目的和目標，以及「戴別人的帽子」思考，想一想別人要支持你的原因。

走向台灣取經，成為創作人的第一站

夢寐以求的空間終於得到，問題同時就來了！到底如何經營共享工作空間呢？

我們的團隊並！不！知！道！我們這班媒體出身的隊員，完全沒有空間營運的概念啊（繼續抓臉）。

我和阿姍慢慢由「一小步」轉變崗位，着手發展 Trial and Error Lab，編輯 Gi 則繼續探索「一小步」的發展方向，看看會繼續營運，還是暫時休業。

當時香港的共享工作空間還未算太流行，我們不知從何入手。正當我們苦惱如何開展計劃時，同事動用他昔日留學時的人脈，把我們轉介給他的台灣朋友。對方是一間共享工作空間的經營者，知道我們的煩惱後，介紹了其他類似的單位給我們，叫我們前往取經，而這些新認識的單位又進一步介紹更多有趣的組織。

我們本來沒有想過要走訪那麼多單位，但既然排滿了整張清單，不如索性來一次台灣考察之旅（其實是藉口吧）！

於是，我們在炎熱的八月到台灣採訪經營共享工作空間的單位、認識做社區營造的組織，也訪問一些以創意方式與弱勢同行的團體。我們一邊飲珍珠奶茶食鹽酥雞，一邊聽先行者的經驗，啟發了我們對營運空間的想像，也讓我們看見文創產業的發展潛力。原來創意力量同幻想，真的會嚇人一跳！

概念驗證，不一定邁向成功

第一站是位於台南的「胖地」。它是全台灣第一個由政府資金支持的共享工作空間，專為工匠（Maker）提供生產工具和創作環境，一共有四層，有會議室、活動室和共享工作空間。我們一來到，先被大門旁的工藝製作機器吸引，由 3D 打印機、雷射切割機、電動雕刻機到迴焊爐一應俱全，相信這裏的負責人必然精通各種工藝的生產吧。

「胖地」辦公室主任賴俊傑（Jay）笑說：「我在大學唸的是法律，然後在台灣和海外攻讀碩士，唸的分別是公共事務和三創（創新、創意和創業）。」

管理這個空間的人，就跟我們一樣，不是做手作和工藝出身。由於不熟悉經營空間，以及工藝製作，他們在開展計劃之前，先舉辦幾場討論會，聽取大家的意見，發現「工匠的共享工作空間」這想法在台南可能有吸引力，便落實去做。

後來，他們得到台南市政府的補助，成為「台灣數位

「胖地」辦公室主任賴俊傑（Jay）。

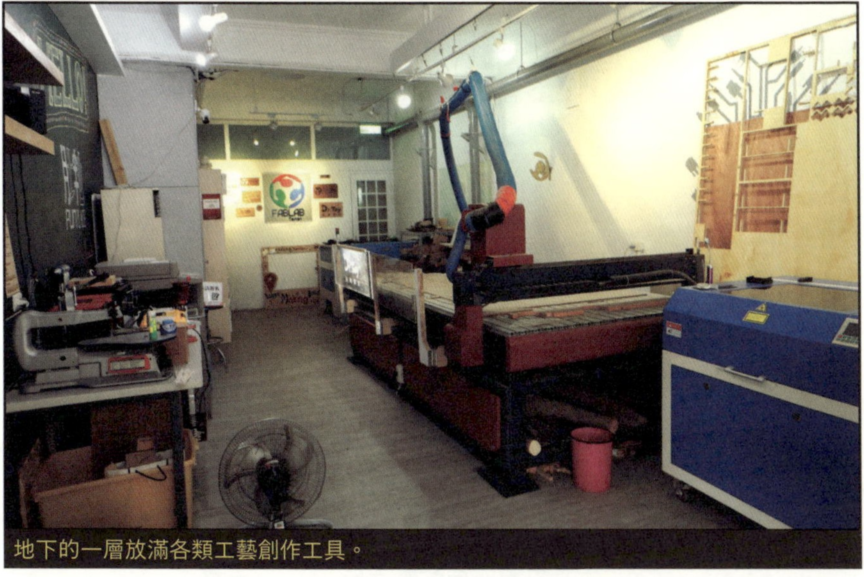

地下的一層放滿各類工藝創作工具。

文化園區」專案委辦單位，開始經營共享工作空間「胖地」。

每次進駐期大約有六至十個團隊參加，為期半年至一年，可以因應個別需要而延期一次。駐場團隊的創作包羅萬有，例如：把傳統木工的榫卯技術結合新設計的木製品、利用 3D 印刷技術製成遊戲道具，或打印出中古歐洲武術使用的仿真劍，亦有用圖像來解讀音樂的數位留聲機等等。

嘩，個個駐場團隊都很有新意，是不是要有石破天驚的創作意念，才可以進駐？

Jay 說：「大部分參與的團隊，多數只是有一個概念，覺得這件事情應該可以試試看，想要來驗證。市政府會派官員跟我們一起看申請者的計劃書，雖然計劃不一定具體可行，但必須明確講出想要完成什麼目標。只要有一定的可行性，就算申請者沒有財力、設備或行銷渠道，我們都會讓他們參與，因為做概念驗證，要在實踐的過程中，才知道事情是否可行。」

這想法跟我們正在構思的 Trial and Error Lab 不謀而合啊！正所謂「唔試唔知做得到」，不敢犯錯和嘗試，永遠只會流於空想。除此以外，他們還讓我們看見一群人共同工作的力量。

創作的第一站，期待團隊尋找下一里路

「胖地」的一樓是共享工作空間，採用全開放式的設計，為的是促進各個駐場團隊的交流。Jay 說：「大家面對面坐，總得要聊天，這就可以產生了解和互動。」但是，作為管理員的他，不會強迫各團隊合作，任由他們自行發展。

他提到一個例子。「其中一個駐場團隊想做捕鼠器，他們懂得電子控制技術，而另一個團隊懂得處理木材。他們在這裏認識，發現彼此理念相同，繼而攜手創業，組成『玩具醫生』，專門修復收集得來的舊玩具，然後轉賣，把賺來的錢捐給兒童福利團體。」當做管理的一方，願意放手讓人互動交流，就有機會醞釀出意想不到的合作。

「胖地」不但提供共享工作空間，還希望駐場團隊有成長。Jay 有時會安排不同的講者，分享申請撥款的經驗、分析銷售市場的狀況，或一對一的諮詢服務，裝備駐場團隊由小本經營進入大眾市場。

「我們很鼓勵『離開』這種事情。我們明確知道這裏只是他們的第一站。如果他們一直待在這裏，不是他們有問題，就是我們管理這一方有問題。」Jay 續道，「如果他們在這裏順利發展，生意慢慢擴展的話，他們對空間的需求會愈來愈大，例如：需要更多座位，或者可以安靜地商討生意的地方。時候到了，他們自然會離開。」

當然，有人因為另一些原因而離開。「有些人在這裏嘗試實踐心中想法之後，發現不如預計所想，就選擇結束他們的創作旅程。」這也不失為一個好的體驗，經歷錯誤和失敗也是嘗試的過程。

事後回想，「胖地」是其中一個對 Trial and Error Lab 有深遠影響的單位。我們不但從中學習營運共享工作空間的進駐安排，從招募參加者的準則、進駐周期至參與的團隊數量等，還有規劃工作空間的想法，透過環境營造人與人之間的接觸，讓本來不相識的單位，能夠（看似）不經意地接觸，慢慢促成日後的合作。

他們面對新事物的態度，也影響我們如何處事。構思計劃的初期，當他們仍不肯定自己的想法是否可行，第一件事不是否定自己，而是把想法好好的寫出來，再找相關的人收集意見，練習清楚地表達自己的想法。集思廣益之後，再決定能否走下去。

取經之後，我們更確定不恥下問的重要，遇到自己想不通的事情時，不要怕瘀，不要怕尷尬，厚着臉皮到處問人（！），或有意想不到的驚喜。

而最最最衝擊我們的一點，就是他們面對進駐團隊的胸襟。無論進駐團隊最後是否成功實踐計劃，他們都抱着開放包容的態度。我們的社會一直相信成功才有價值，要是最後無法達成目標就是失敗者，過程怎樣並不重要。可是，「胖地」認為只要進駐團隊認真嘗試過，從中認清自己的能力與目標，即使無法完成計劃，也是相當重要的經歷。

這些看待嘗試與失敗的態度，在我們心中留下深刻的印象，成為日後建立 Trial and Error Lab 的信念。

試錯心法

「自己的空間特色是什麼？」

整個訪問中，Jay 重複強調：「沒有特色的空間，就會消失。」當共享工作空間成為商業新趨勢，財團或大機構總會發現商機，開始涉足這個領域。要是現時經營共享工作空間的單位沒有清晰的定位，被淘汰只是遲早的事。這是每個空間經營者最難回答，但也不能逃避的問題。

我們在籌備過程中，也一直問自己這個問題。我們與坊間其他共享空間有什麼不同？如果要回答的話，我會說 Trial and Error Lab 的特色在於這是一個複合的計劃，結合共享工作空間、培訓課程和創意企劃，為工藝師提供多元化的支援，更重要的是支援初起步的一群，讓他們在品牌開展的初段，能夠建立穩固的基礎。

拜訪先行者的實驗空間，與創作者成為群體

我一直以為共享工作空間只是工作的地方。大家在空間埋首奮鬥，間中休息時，互相寒暄，但原來「一樣米養百樣人」，即使同是共享工作空間，風格和形態卻可以千變萬化。

走訪過「胖地」之後，接着我們探訪了「星球實驗創作空間」，那是台南第一間由民間成立的共享工作空間，一共有兩層，位於一幢老宅的三樓。

如果說「胖地」是比較有規則和安靜的 Co-working space；「星球」倒有點像香港的大學宿舍，工作與玩樂融為一體，有濃濃的生活氣息。出發前做資料搜集，從網上得知這裏比較多從事設計或藝術的人進駐，隱約覺得這裏的風格比較接近我們想要做的共享工作空間。

放眼環顧「星球」，一邊是共享工作空間，窗戶明淨，空間光潔，有十來張大型工作枱，讓駐場創作單位安心工作；另一邊是公共空間，簡單地放了幾張椅子和枱，要是工作累了，可以在這裏閒話家常，玩玩貓咪（他們養了兩隻可愛的貓咪啊～），也可以到廚房煮東西，邊吃邊聊天。上層有一部分是工場，放置

各式各樣的工業生產機器，方便做小型量產，另一部分則是宿舍，讓來自台灣其他地區及世界各地的藝術工作者旅居於此。

結集「外星人」，為不同的人牽線

「星球」最初由修讀工業設計的陳禹安，以及三位伙伴於 2013 年成立。來這裏進駐的，大都是獨立創作者，有平面設計師、產品設計師，還有做各類創作的自由工作者。他們都有着以下的特點，「通常都是獨立、有創意、喜歡自由和冒險。如果擁有以上四種特質，我會說是『外星人』，所以這裏就叫做『星球』！」禹安大笑道。

大概因為設計界不乏這種「外星人」，倘若他們在家裏獨自工作，容易缺乏交流和支援，創意也欠缺互相刺激的渠道，因此禹安希望為每一個登陸這裏的「外星人」建造「一個讓獨立創作者能被看見和支持的舞台」。

「有次，一個荷蘭女藝術家想做一個一腳踩着電鋸、一手拿着種子的女神！」原來那位藝術家設計了一個關於環保的神，叫「永續金娘」，想做一尊木雕的神像。禹安沒有打沉她瘋狂的想法，反而帶她跟本土的木雕師傅溝通，為人生路不熟又語言不通的她連繫上對的人。

然而，師傅會覺得這外國女生「搞搞震」嗎？「對方也大感奇怪，大呼『神明如何踩電鋸？』但這真是好玩的設計，既然藝術家願意付錢，師傅最後也樂意做。」

「星球」其中一位創辦人陳禹安。

創作者 Derick 正專心地製作產品。

有時做設計最困難的地方，不是有沒有靈感，而是沒有足夠的人脈，找到合適的技師協助完成創作。他們透過牽線，讓藝術家天馬行空的創作意念，結合當地的傳統工藝，創造一件件令人意想不到的作品。他們還會為駐場單位聯繫不同製造商，安排報價、找生產材料、製作打印等等，既讓設計師的想法一一成真，亦把設計工作與製造業緊密扣連；這些都比一般共享工作空間，為獨立創作者提供更細心和專業的支援。

正當我們以為「星球」是一個蠻安靜舒服的空間時，晚上的「零食之夜」才讓我們見識到它的真面目！

匯聚志同道合的創作者，成為群體

踏入晚上，之前沒有露面的設計師和各界友好陸續出現，大夥兒完全不怕陌生人，自然地一起吃飯、分享零食和唱卡拉 OK，我要扯大嗓門才可以跟坐在旁邊的人訪談 （真失禮）—— 這種非常熱鬧的樣子才是「星球」的日常。

搞這樣的一場 Party，好像浪費生產力和時間，禹安跟負責團隊的欣翔笑着解釋：「其實我們只有逢週三的『零食之夜』才會對外開放，邀請不同創作者來分享計劃與想法，讓大家在輕鬆的氣氛之中盡情交流。」原來「星球」的量產，不單是日間用機器專注製造，也包括晚間在玩樂中邊吃邊 Jam，創造新事物。

在吵鬧的歌聲下，我跟租了一張工作枱的孟翰聊天，他是做廣告和電影配樂的。

「這裏好像一個大家庭，親切友善，有很強的凝聚力，不像其他共享工作空間，商業味較濃。人與人之間會互相合作，就像之前有其他駐場設計師參加台南一個比賽，找我做配樂，我就有工作機會了！」孟翰續道，「大家都屬於藝術和設計的範疇，對美感有一定的要求，當我拿出自己的作品請大家講意見，他們都能夠提出建議。要知道台灣是一個想法很分散的地方，意見又多又雜。如果做創作想找到志同道合的人，在『星球』裏比較容易遇到。」

創作的路是孤單的，尤其以創作為生的自由工作者更甚，由構思、設計到生產都單打獨鬥，要摸索出一條生存之道並不容易。因此，「星球」像是一個匯聚點（Hub），不但連繫各方人脈，還結集一班背景相約的創作者，彼此既能交流行業資訊，又可以互相扶持鼓勵，滋養着一眾創作者走下去。

我們從「星球」看到的是群體的重要性。創作人很需要群體，這影響我們日後如何與駐場伙伴相處，以及如何營造群體。當創作人能夠與一群共同成長的伙伴一起，就更有力量和勇氣去追尋自己的出路。建立這種群體不需要高深莫測的理論，或富麗堂皇的裝修，只要有零食、啤酒和無限量的廢話（？），日復一日地相處，一群志同道合的人自然走在一起，就能慢慢匯聚出創作的力量。

在這個空間，我們看見一個個年輕的「外星人」能在此愜意地創作和生活，不禁反思每個人的出路可以很多元化，不一定只能跟從社會那套排列明確的生涯規劃藍圖。尋找一條屬於自己的出路，不能單憑一己之力，而是要像眼前的年輕人，跟一群相同理念的伙伴一起，聚集力量向夢想邁進。

今次的台灣取經之旅，我們帶着很多問題出發。在走訪不同的共享工作空間和社區營造的單位後，我們不但得到很多寶貴的經驗和觀察（以及脂肪！），也帶着更多問題回港，需要逐一思索和回答。問題太多，無法一下子回答，我們只好帶着一大堆問題繼續前進，邊走邊找答案。

試錯心法

「總要常準備，因為那日子、那時辰，你永遠不會知道。」

訪問當日有一個小插曲，在「零食之夜」進行時，禹安他們忽然起哄要我們一起唱卡啦 OK。我們一行人都很害羞（是真的！），但為免賓客掃興，時任事工發展總監的梁柏堅先生（不是填詞人、不是電影導演，也不是前區議員）率先獻唱，但他們還是不滿意，於是我硬生生地被同事推出去娛賓（是誰幹的好事！），觀眾仍表示「未夠喉」。最後，團隊中年紀最小的拍片小弟，以香港著名討論區高登音樂台的《明年冬日》一曲震懾全場。他以標準廣東話高歌「我是一個西伯利亞人／冬天的冠軍～」，觀眾雖然聽不明白，但似乎感到這首歌來頭不小（？），終於願意放我們走。當晚我見識到「攞定幾首飲歌喺褲袋」的重要性。

尋找關鍵人物，激發想像

從台灣的取經之旅回來之後，我們對經營共享工作空間總算有一些基本概念，但香港不同於台灣，不可能完全複製台灣那一套；而且想鼓勵青年做嘗試，是否單純提供空間就足夠？如果是，畀塊空地就得啦，駛乜搞咁多嘢？那推動人做嘗試還有什麼元素呢？

我和阿姍想不通這些問題，於是又帶着問題到處請教，幾乎是見人就問（臉皮夠厚是我們的特色，呵呵）。無論最後得到答案與否，我們也當成是分享異象的機會，看看有誰聽完我們的想法，覺得好玩想要加入，從而組成合作團隊。

幸運地，我們在分享的過程中，遇到很多有心人，無私地給予意見、提醒，甚至轉介我們聯絡合適的人。因此，我們找到幾位對成立 Lab 很重要的人物：龐一鳴和 Ronnie 夫婦。

擴闊視野、培養能力

龐一鳴發起過很多創新的計劃，例如：探索生活更多可能性的「一年唔幫襯大地產商」行動、推動街頭賣藝文化的「一打人去賣藝」、支持本地農業的「港嘢」（而後來的後來，他也開了一拳書館）等等。

當我們跟一鳴分享想法時，他認為推動青年做新嘗試，除了提供場地空間，也要培養能力和視野。他提出透過培訓，讓想嘗試新事物的青年開闊眼界，學習以新思維和做法，為社會帶來改變；因為在嘗試的過程中，必然遇到失敗，要是有先行者給予經驗、一起同行，便不會盲目向空氣出拳，而能夠聚焦作嘗試。或許，可以容易一點找到出路。

因此，Trial and Error Lab 的業務藍圖中，除了經營共享工作空間，又多了一個新項目：培訓課程。

既然一鳴是始作俑者，我和阿姍又怎會放過他呢？當然力邀他擔任培訓課程的導師！他提議開辦「社區導賞研究班」，目的是人人可以成為導賞員。即使是普通市民也能夠深入淺出地介紹社區，繼而帶出地區議題。

一鳴說：「就算地區議題再有意義，但對於不（想）了解的人，實在太悶。何不以導賞團作為媒介，用有趣的社區故事，吸引一些本來沒有興趣認識社區的人，開始關心地區議題呢？這也是一種推動社區工作的方法。」

我一直以為導賞團只是介紹社區故事，沒想到也可以改變社會啊！

嗯，開闊眼界的課程有了，與文創行業相關的課程又該找誰教呢？

孕育創新意念所需的土壤

此時，突破書廊的同工知道我們的煩惱（再一次證明到處跟人分享自己的煩惱是有用的），便向我們介紹了 Ronnie 夫婦。Ronnie 和 Perine 經營手造沐浴產品品牌「簡梘」多年，有豐富的品牌包裝、視覺營銷

龐一鳴是「社區導賞研習班」、「遊戲設計及帶領技巧研習班」的導師。

簡梘創辦人 Ronnie 和 Perine 連續多年在「嘗試學院」教授「手作人品牌建立研習班」。

和產品設計的經驗，對建立手作品牌有一定心得。於是，我們膽粗粗邀請他們合作。

雖然他們從未正式教過班，但聽完我們的分享後，倒覺得開班教人值得一試（能成為我們伙伴的人都是勇於嘗試的）。他們經營手作品牌，經歷過起起跌跌，希望跟新一代的手作工藝師分享經驗，「讓大家少行冤枉路，令本地文創界更多元蓬勃，一齊『做大個餅』。」

他們認為手作品牌種類繁多，沒有一套必勝的方程式，反而着重教導基本概念，如品牌視覺獨特性、品牌商標的設計、陳列和包裝等等，再按不同品牌的工藝特性和發展階段提出建議。因此，這個「手作人品牌建立研習班」除了有理論課，還有導賞課，非常着重討論和互動。

回想起來，幸好在構思 Lab 的初期找到這幾位關鍵人物，提出很重要的意見，也願意開辦這些重點課程，促使我們日後開設「嘗試學院 Trial Academy」。

龐一鳴和 Ronnie 夫婦讓我們發現，共學研習是激發創新主意的好方法，亦令我們看見培養能力和視野，對經營品牌，以至實踐創新意念的重要性。

如果你問我如何才找到關鍵人物，我會說：「不斷問人！不斷問人！不斷問人！」直至你找到答案。

嘗試
TRIAL ACADEMY
學院
共同研習
手作品牌設計
個人事業管理
市場推廣策略
拓闊技術美感
凝聚互助羣體
9月開課
trialanderrorhk
trialanderrorhk
Organised by:
Powered by:
Funded by:
Incubated by:
ZURICH
MTR

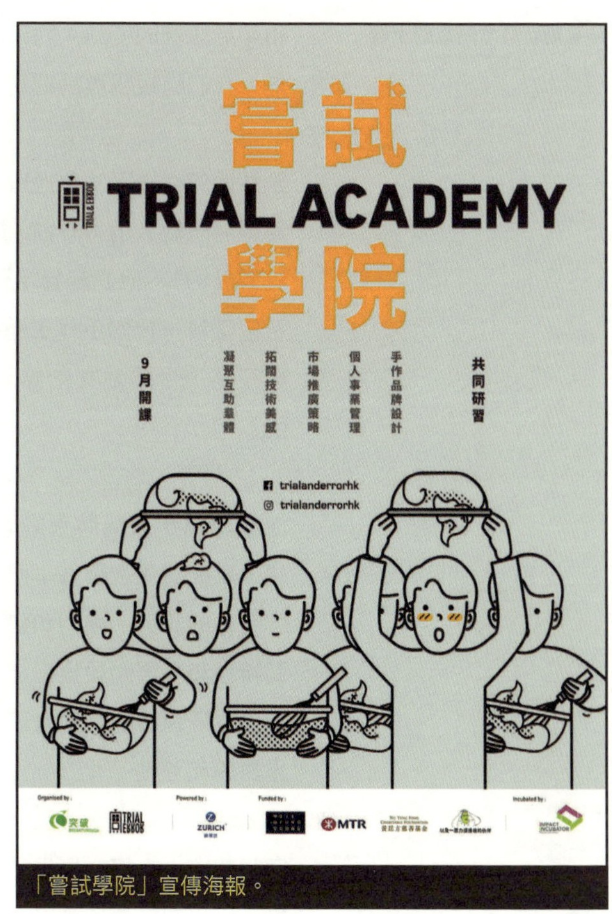

「嘗試學院」宣傳海報。

試錯心法

「只要你的要求清晰，總會找到理想的人。」

如果你問我如何找到關鍵人物，我想情況就如要找到合適的拍拖對象一樣（？）。首先清楚自己需要什麼，然後告訴別人你正在找怎樣的人。如有介紹就去見面聊天，即使不適合也不要緊，對方的人脈中或有你需要的人，說不定透過對方就能認識你想要的人，別太早關上大門啊！

申請資源，讓計劃得以延續

一開始開展這個計劃時，不肯定能否繼續，說到底關鍵在於資源（又名錢錢）——就算我們已有地方，但經營一個空間，與當中的群體成長，所需要的資源不少。突破是沒有政府資助的非牟利機構，本來資源不多，若在沒有資助的情況下，繼續推行 Trial and Error Lab 這個計劃，將對機構造成一定的財政壓力。

要是沒有資金支持，機構不一定會延續計劃。於是，我們在一百五十日的實驗期中，不時留意有沒有合適的資助計劃，希望能夠申請資金，令 Lab 可以走下去。

當時港鐵公司推出了「從校園到就業」計劃，正好符合機構和 Lab 的定位，服務本地青年，希望為社會帶來改變。於是，我們決定申請有關資助。

Lab 仍在草創階段，我們對於計劃的目標、當中的細節，還未想得周詳，但撰寫計劃書，申請資助，正好是一個好機會（迫）使我們好好地梳理整個計劃的理念、內容、受眾需要和對社會的意義等等。

申請資助就是如此令人又愛又恨。我們要跳出日常工作的模式，以更廣闊的視野理解整個計劃。阿姍把一個仍在混沌嘗試的計劃寫得有條有理，讓對方理解我們做什麼，繼而願意成為我們的伙伴。

撰寫計劃書的過程，花費的時間不少，組織的工夫很多，都令人心很累。雖然寫得辛苦，但團隊在多次傾談下，確實令整個計劃加速演化，讓框架和內容變得更為實在，知道自己正在為了什麼而努力，也是重要的內部溝通。

經過公眾投票和評審之後，我們在 2017 年幸運地得到港鐵公司的資助，成為三年的合作伙伴。這對我們意義重大，既是肯定計劃的社會意義，也令我們這個新事工得到三年的資助。換言之，在一百五十日實驗期之後，計劃肯定能夠繼續。

回想起來，要多謝港鐵公司的支持，在計劃還在起步階段，就願意成為第一個資助機構。由於得到一間大企業的支持，這個寂寂無名的計劃才得以繼續發展。

接着的後來，我們陸陸續續找到其他的資助單位，如 2018 年成功透過創匯點（Impact Incubator）得到社創基金的資助。基金的申請要求是申請單位以社會企業模式運作，我們的營運方式則較接近一般社福機構，着重活動數量、服務人次和活動成效，而較少計算盈利和收益。於是，我們開始思考整個計劃的運作，如何增加社企營運的元素。這個轉變幫助我們鍛鍊計算收入和支出的「肌肉」，學習平衡計劃的意義與營運收益，讓我們變成「既想改變社會的浪漫主義者，又是精打細算的現實主義者」。

申請資源很重要，但在申請之前，我們要先了解贊助的單位，以及資助計劃的目的。最重要的是資助單位的定位與計劃相近。資助單位不但提供資源，更是我們的合作伙伴。如果彼此的想法和價值觀有差距，即使有資源推行計劃，執行時還是會出現不少困難，只會苦了前線同事。

在嘗試的路上，有諗頭很重要，但沒有資源，計劃根本無法執行。就像這些年來，我們一直尋覓資源，寫過不少的計劃書，申請不同的資助，讓計劃得以延續。

試錯心法

「資源是重要，但不要為了得到資源而扭曲逢迎！」

不同資助單位的要求不同，有時候為了成功申請資助，少不免要調整計劃的做法，但切勿為了得到資助而大量更改計劃內容，甚至扭曲原意，這是本末倒置啊！

III. 一百五十日的實驗紀錄

TRIAL 8

ERROR

十大試錯原則——嘗試，犯錯，再嘗試

收集完先行者的經驗，又找到關鍵的合作伙伴之後，我們終於要在 2016 年 10 月 13 日至 2017 年 3 月 12 日，進行為期一百五十日的 Trial and Error Lab 實驗了。名符其實，既緊張，又興奮！

為何我們叫 Trial and Error Lab ？話說在籌備時，阿姍需要與機構不同部門溝通，協調其中的細節。當時大家從未做過類似的計劃，沒有先例參考，經常同事提出很多問題，而我們無法回答（根本未開始做，我們又點知喎，嗚！）。

有次阿姍遇到一些阻礙，回到家中與老公傾訴。聽完她的分享，她的老公溫柔地說：「點解你覺得你做的所有嘢都要一次就得呢？所有新嘢都要試完再改，改完再試㗎啦。Trial and error 嘛，你冇聽過咩？」

第二日，阿姍回來跟我說：「不如我哋叫 Trial and Error Lab 啦！歡迎大家不斷試、不斷改。」

但所謂的「不斷試、不斷改」，不是任由大家亂錯亂試，而是在每次嘗試之中，檢討問題，修正錯誤，累積經驗，作為下一次嘗試的養分，因為我們相信

Trial and error 是循環不息的過程（又名反覆互煎）。

在這個過程中，如果沒有一張地圖，容易在嘗試的路上迷失。因此，我和阿姍從取經之旅、與同行者的傾談，以及籌備過程中的體會（嘿嘿），歸納出以下的試錯原則，表達「嘗試—犯錯—再嘗試」的 Trial and error 心路歷程。

「十大試錯原則」。

把嘗試與撞板的心路歷程，寫成試錯原則

首兩點的「唔試唔知做得到」與「唔試唔知做唔到」是一對雙生兒，也是給滿腦子有很多念頭，卻還未嘗試做出來的人一個小鼓勵。

在做新嘗試之前，通常出現兩種內心小劇場：

一，「我不行的」、「我沒有誰誰誰能幹，我做不來」、「要是我失敗了，大家一定會取笑我」（下刪十萬字），於是先否定自己，未嘗試就放棄。

二，自覺念頭很好，心中有成千上萬的項目想做，有遠大的發展藍圖，卻從未真正踏出嘗試的一步。

就算有再多再好的想法，要是沒有實踐出來，永遠不會知道是否可行，自己到底有沒有能力完成。嘗試以後，有時候發現自己比想像中強大，「原來我做得到的」，也可能明白自己的能力和想法未如預期，都是一個自我認識的好機會，早日知道自己的專長與限制，免得自己一直落在空想之中。

第三點的「做唔到就搵過第二條路」和第四點的「諗多兩吓，條條大路通羅馬」看似相似，但兩者的焦點是不同的。前者側重在嘗試的目標。舉個例子，你本來想做咖啡師（第一條路），但嘗試過後發現自己的能力和性情根本不合適，反而有另一條路，如設計師（第二條路）更能發揮自己的才能。因此在試錯的過

程中，要了解自己的特質，勇於接受和擁抱原本想走的路其實不適合自己，繼而坦然地尋找真正屬於自己的路。

後者則是聚焦在實踐目標的方法。「羅馬」代表每個人想嘗試的目標或目的地。例如：你本想租借場地舉辦個人展覽，但可能因為資金不足，甚或疫情關係等現實條件，無法達成目標。這時候，你可以多想一想，也許改變做法，如改為網上展覽，或跟其他小店合作，在店裏展示作品等等。當遇上困難時，不要鑽牛角尖（甚至馬上放棄），而是保持心思靈活，跳出思考的框框，想想還有哪些方法可以嘗試，因為世界上還有好多方法和途徑達成目標啊！

嘗試的旅程好像耕種，今天播下了種子，不可能明天就有成果，需要天天耐心地照顧，讓種子發芽生長，看看有沒有機會開花結果。因此「試錯原則」的第五點「耐性耐性耐性！」，重複說了三次要有耐性（因為重要的事要講三次嘛）。這裏說的耐性不但是指要沉着氣去試，更是要聚焦地試，例如：想測試哪種推廣方法最合適，就劃出一段時間，用不同的宣傳方式，看看哪一種有成效，然後從測試結果之中，選取最有成效的三種方法再反覆測試，直至找出答案，而不是試完一種方法不行，就試另一種方法，沒有從中汲取經驗，亦無助下次的修正。

至於第七點的「堅持堅持堅持！（但不是萌塞！）」，

同樣也是強調了三次（因為很重要，笑）。做人也好，做事都好，堅持不懈是好事，但堅持過了頭，就變成萌塞。畢竟不是每次嘗試都有成果，要是嘗試了好一陣子，又盡力採用各種方法，以及不斷檢討和修正，卻仍然發現此路不通，那代表可能方向不對，要考慮改變路向了。

學黃子華話齋：「追夢好似追女仔咁，追唔到呢個，咪追過第二個，總有個你追到嘅。」追求夢想是要堅持的，但有時夢想可以不只一個！

正所謂「一個人走得快，一班人走得遠」，做新嘗試也是。一個人閉門造車能創造出新事物，但要是有其他人的參與，嘗試的路或能走得順暢一點。因此，第六點的「有意見要聽，有意見要講」，與第八點的「有問題要問，唔好收埋喺個心」想提醒大家（也包括我們自己），別人的意見對做新嘗試很重要。在尋找關鍵人物的過程，我們已經深深體會過「有問題要問，唔好收埋喺個心」的重要。幸好我們四圍問人問題，才能遇上對 Lab 發展有重要影響的人物。在求問的過程中，無論是提出意見的人，或是聽意見的人，都要有胸襟和膽量，願意表達和接受意見，好讓自己能夠客觀看待事情，減少盲點，少走一點冤枉路。

最後兩點是嘗試旅程的核心，因為涉及繼續與放棄的選擇。

第九點「係好係醜，唔好呃自己接受」，其實是為自己訂下止蝕的底線。根據市場的反應、測試的結果、別人的意見，總會知道該不該繼續試下去。到底應該堅持（小心容易變成萌塞），還是改變嘗試的方向，甚至放棄，就要誠實地問問自己了。

第十點「記住你的初衷」，是最基本也是最關鍵的。回想最初，是什麼驅使你做新嘗試？是那件事有吸引你的地方，單純地為你帶來樂趣？還是你發現自己有這方面的才華，期望發展成事業？無論你經歷過多次嘗試，發現結果不似預期，一無所獲，或沒有賺到第一桶金，都要記住自己為什麼會開始，不要忘記起初的感動啊！

我們還為 Trial and Error Lab 訂下一句格言：「嘗試，直至我們找到出路」。格言中的「出路」沒有與成功或失敗掛鉤，而是看重大家有沒有找到一條適合自己的路向。即或不是「高薪厚職有出色」，又或者得到萬民景仰，但要是青年能夠透過一次又一次的嘗試，走出屬於自己的路，我們覺得這已是成功了。

試錯心法

「失敗之嘛，有乜咁大不了！」

平時犯了錯，總會羞於啟齒，但芬蘭有一個活動叫「國際失敗日」（International Day for Failure），在每年的 10 月 13 日鼓勵人們分享犯錯的經驗。我們覺得這活動的精神跟 Trial and Error Lab 的格言一脈相承，最後選擇在 2016 年 10 月 13 日開辦 Trial and Error Lab。

唔試唔知 000——計劃內容篇

我們一直假設有空間給青年做嘗試，或會促成新事物的出現，但到底哪些青年需要空間呢？空間設計要怎樣才符合他們的需要？又如何令他們的嘗試不至於太過自由奔放（又名「吊吊揈」）？

其實多想也無謂，試一試便知道了！

當我們取用了突破中心一樓的空置單位，在接下來一百五十日的實驗有以下三種類型的測試，但嘗試不是亂試亂撞。雖然我們沒有預先設限，例如：參加者的種類，但有一些已有腹案，想藉着實測來觀察想法是否可行：

1. 計劃內容；
2. 空間設計與設施配套；
3. 機構內部的溝通。

第一部分，有關計劃內容。

測試 1：哪些是需要共享工作空間的人？

整個計劃內容與執行，第一件要試的事是哪些人需要共享工作空間。

我們一直擔心沒有人參加，因為在推出招募宣傳時，Lab 的單位仍然有租戶使用，我們無法拍攝單位實況，只能以「賣樓花」的方式呈現我們想像中的 Trial and Error Lab，以及駐場工作枱的空間環境。為了令申請者更了解計劃，我們還舉行多場說明會，向大家好好介紹和解答。

當時我們還未完全肯定哪些人是計劃對象，只要與創作、社會創新有關，符合以下幾個條件，基本上來者不拒：1）有嘗試目標想在一百五十日內完成；2）創作時有工作空間的需要；3）想以工藝回饋社會、或創作與社會議題相關。

幸好世上有很多勇於嘗試的人，在未見過實際環境下，我們收到不少申請！申請者的創作類型包羅萬有，個個都相當有趣，由手工藝到大型裝置藝術都有，證明坊間對工作空間有一定需求。

之後我們約見申請者，了解他們的進駐目標，認識他們的創作與工藝。面試的過程好像「相睇」，因為我揀人時，同樣人揀我。Lab 是共享工作空間，不是每種工藝都適合參與，如在製作過程中會產生嘈音、氣味、灰塵，需要大量水源，或會弄濕地方的工藝，我

「一百五十日實驗期」的招募海報。

們都無法取錄。有時則是申請者了解 Lab 的環境後，發現不適合便自行退出。

我們還會留意申請者的性情。他們不需要三分鐘便能跟陌生人「打得火熱」，但起碼要不抗拒（甚至有少少喜愛）群體，願意與一起共用工作間的人相處，以及肯聆聽意見和作出新嘗試。我們透過面談釐清申請者的期望，即或不能合作，也算是交個朋友。我和阿姍確實從中認識了不少創作者，他們的工藝很精彩，讓我們大開眼界！

最後，我們錄取了十二個創作單位，由手作工藝、攝

「一百五十日實驗期」的 Lab Fellow 與管理員合照。

影、劇本創作、社區報到音樂實驗都有（真係唔試唔知收到乜人）！

測試 2：要做幾多，才能協助青年有新的嘗試？

2.1 不是買賣空間，而是同行服務

計劃的起始，源於鼓勵青年做新嘗試，我們不能把門檻設定太高，否則大家怎有能力開始嘗試呢？

起初我們只打算提供固定工作枱一種進駐模式，後來收集不同人士的意見後，認為可以多試一種，便是共用流動工作枱（Hot desk）。從事創作行業的人，工作模式比較彈性，有的身兼多職，有時「三點不露」（不到下午三點不露面），不一定人人需要固定工作空間。因此，我們為參加者提供兩種進駐模式，看看他們適合哪種模式。

我們的服務費用是市價的一半，讓青年可以用較低的價錢租用工作空間。有沒有留意我們不會叫「租金」，而是「服務費用」呢？我們定位這是職志計劃，不是單純出租空間，還包括職志輔導、培訓課程和各類創意企劃，希望讓參與的青年知道我們不只是買賣空間，而是與他們同行。

同行這個概念，亦影響我們如何為自己與參加者的角色定位。一般由非牟利機構推行的計劃，多數稱呼參加者為「會員」、「服務使用者」、「Client」等等，

但是我們與他們的關係不是「包租婆與租客」、「服務提供者與使用者」。所以，我們自稱為「管理員」，稱參加者為「Lab Fellow」，彼此的關係平等，都是一起嘗試，是群體的一員，沒有誰比誰高。

我們相信志同道合的群體（Fellowship）對做新嘗試很重要。當有人試到心灰意冷，其他人能夠分享自己的經驗，扶持他人站起來，有勇氣繼續試下去。

為了令 Lab Fellow 的嘗試不會變成「無尾飛陀」，我們訂下了「訂立目標—修正調校—展示成果」的框架，希望即使計劃趕不上變化，他們的嘗試也不至於嚴重「走樣」。

我們為他們的嘗試目標訂下藍圖。每位 Lab Fellow 在開始進駐前，要填寫一份 Time capsule（時間囊）清楚地寫下進駐目標、執行時間表，以及想嘗試的原因，也了解他們小時候喜歡的玩意、重視的價值等等，從中發掘創作的初心。這份 Time capsule 好像一幅地圖，若在過程中迷失，也可以重溫這份紀錄，提醒自己最初踏出第一步的原因。

當 Lab Fellow 寫好 Time capsule，我們會跟他們做 Goal setting（其實是食餐飯），根據他們所寫的內容，坦誠地追問一些問題。例如：一百五十日想試十九萬個項目是否可行、進駐目標的執行是否具體，協助他們整理進駐目標、時間分配、優先次序等等，把嘗試的方向、項目數量和先後次序修訂在可行的範圍內，讓嘗試變得更聚焦。

修訂的過程是雙向的，並不是管理員認為要怎樣就硬塞給 Fellow，而是彼此透過傾談，釐定出大家都覺得合理的方案。畢竟要完成目標的人是 Fellow，不是管理員，最重要是他們能按適合自己的方式去做，其他人迫不來啊！

2.2 嘗試以後，展示成果

實踐要是沒有成果展示，就不知道經歷了什麼，又學到了什麼，因此我們要求每位 Fellow 在進駐一百五十日後，向公眾展示他們的進駐成果。只要場地許可，形式不限，看看有沒有實踐到最初的進駐目標，所以不能下巴輕輕，要說到做到（嘿嘿）。有了最終展示成果的要求，Fellow 知道自己要在有限的時間內，用盡不同方法嘗試。人類果然要有 Deadline，才會爆 Seed ！

不過，凡事不能一成不變，在嘗試的過程中，可能出現了新變數，改變原有的計劃。於是管理員在一百五十日的進駐期間，不時跟進 Lab Fellow 的狀態，了解他們的情況，討論如何修正進駐目標，以及最終的成果展示。

到了計劃的尾聲，管理員跟每一位 Lab Fellow 回顧他們的嘗試旅程，看看最初所訂下的目標，最終完成了多少，檢討得與失的原因，總結嘗試的經驗，成為下一里程的養分。

我們最重視的，不是成果展示有多華麗，或最後有沒有完成當初的目標，而是 Fellow 在過程中有沒有嘗試用各種方法，找出適合自己的方式，修正箇中的錯誤，再重新嘗試，而不是對自己沒有要求，輕易放過自己，一旦有失誤，就推搪說「Trial and error 嘛」！

在一個人的嘗試過程中，Fellow 或會遇上不擅長的部分，甚至膠着的狀態。除了自己尋找出路，共同學習也是另一種方式。因此，我們舉辦四個研習班，如手作人品牌建立研習班、社區導賞研習班、一小誌製作研習班，以及信仰與社區實踐共同研習班，着重交流和討論，看看共學能否互相啟發，一起提升創意。

課程不是打發時間的興趣班，而是要求學員交「畢業功課」，向公眾展示學習成果。學習既要有 Input，也要有 Output，如果沒有最終的展示部分，天生有惰性的人類容易得過且過，不知道到底學到什麼。

2.3 如何以自己的 Trial and error，改變公眾

計劃目標之一，是推動敢試敢錯的精神。如果想要改變社會氣氛，最重要是增加公眾的認識，讓他們有機會參與。

因此，我們在一百五十日實驗期一開始，舉行了開放

週，讓公眾透過參觀 Lab，看看這個以工藝與創作為主的共享工作空間，以及認識一眾 Lab Fellow，令公眾在傾談的過程中，了解工藝的價值、Lab Fellow 的創作故事，還有職志選擇的多元性。說不定有人因

我們設計「慢遞承諾咭」，邀請公眾寫上嘗試目標，用火漆封口，在一百五十日後寄給寫卡的人。

此發現「原來有人以創意維生啊」，繼而鼓勵他們選擇非主流的工作（摸鬚）。

為了增加公眾的參與度，我們印製了「一百五十日月曆」，以及邀請其中一個單位的 Fellow 設計「給一百五十日後的自己」的承諾小卡，讓嘗試不只是 Fellow 的事，公眾也可以訂立目標，記錄嘗試的過程，隔空與 Fellow 一起努力，用一百五十日嘗試做一件新事。

此外，我們每個月還舉辦 Error Friday（搞錯星期五），讓公眾認識失敗的力量。一般來說，人人只願分享成功的故事，失敗的經歷總是避而不談，但每個人都撞過板，失敗並沒有什麼大不了。所以，我們邀請各界人士分享自己的暗黑經歷，聽聽他們如何從撞板中學習，累積經驗和修正錯誤，找到一條屬於自己的路。

而每次 Error Friday 都有體驗部分，包括：邀請年輕的家廚炮製新口味的糕點（幸好沒有變成集體肚痛聚會）、分享用「失敗的食物」（aka 廚餘）做成的菜湯，以及交換 Error items（又名「交換二手物小派對」）等等，令公眾不再把分享視為頭腦上的知識，而是懂得用新眼光看待所謂的 Error。

最後在計劃的尾聲，我們籌辦「成果展」，向公眾展

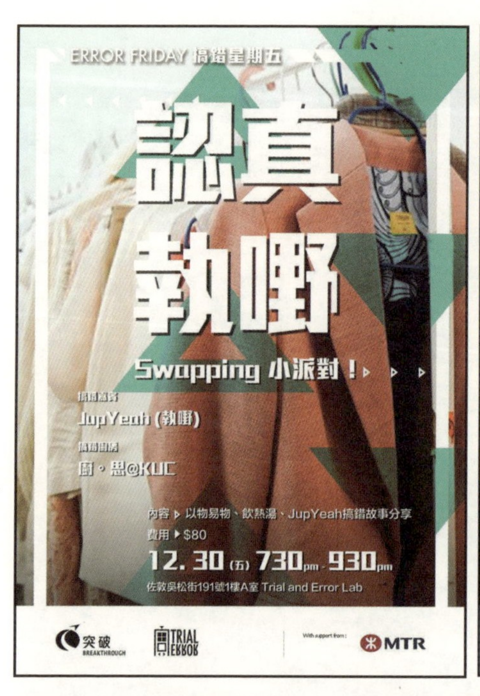

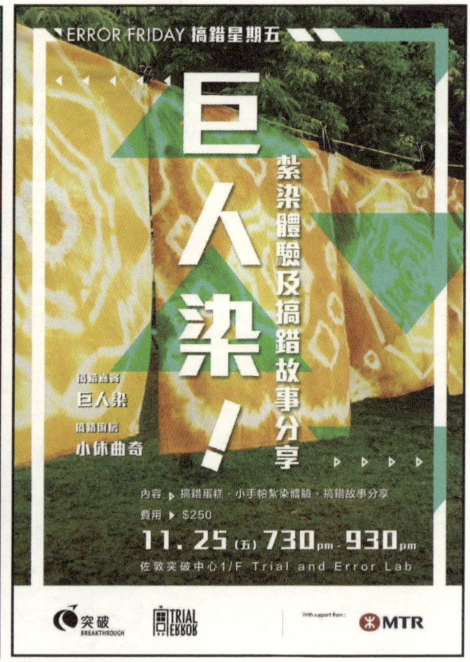

Error Friday 的宣傳海報。

示進駐的 Lab Fellow 和研習班學員的成果（又名「找數」，為自己當初承諾的目標而交帳，嘿嘿）。不過，到底 Fellow 和學員有何成果，或有沒有成果（！），我們事前都不肯定，唯有邊做邊試。畢竟，我們也在做實驗啊！

試錯心法

「在推行任何新計劃之前，爭取機會做測試。」

回想起來，Trial and Error Lab 最主要的元素：Lab Fellow、培訓課程和公眾活動，全部在一百五十日實驗期誕生。能夠在初始階段測試核心項目，收集參加者的意見，調整做法，對日後正式推行計劃很重要。如果沒有實驗期，相信計劃一推出就會撞大板，恐怕難以繼續。

如果你有計劃想推行，不妨劃出一段時間作為實驗期，訂下一些最想測試的目標，以及項目，容許和接納撞板（只要沒有大礙就算啦），儘量收集數據和意見。相信這些瘋狂的實驗有助你找出下一里路的方向。

在實驗期以後，Error Friday 仍然每季舉辦，邀請不同背景的嘉賓，分享自己跌跌碰碰尋找新路的故事。「好宅」負責人 Jay & Summer ×「藍屋好鄰居計劃租客 Juliana 主講「住在香港，是不是我人生的 Error ？」，由龐一鳴主持。

公平點
FAIR CIRCLE
良心生活
共同學習

慈善機構「死嘢」（SAY YEAH）創辦人陳偉霖主講「死唔去，是不是我人生最大的 Error ？」

TRIAL

唔試唔知 000——空間設計篇

規劃了計劃內容的測試部分，便來到硬件的測試：空間設計與設施配套。

我們從未經營過共享工作空間，只能憑着台灣取經之旅的經驗，以及坊間類似的工作環境來想像 Lab 的空間規劃（簡單來說，即係亂嚟）。

相比計劃內容，硬件的預備相對簡單一點，一就一，二就二，比較少涉及其他人類和溝通，但需時更多，也要更多討論的空間。

「一百五十日實驗期」的招牌。

測試 1：資源不多，設計創意空間

由於沒有太多資金，也不肯定計劃會不會繼續，我們保留了上一任租戶的部分裝修，包括：顏色鮮艷的牆壁、猶如跳舞室的柚木地板、辦公室的白光管等等。

Lab Fellow 有兩種進駐模式，Lab 的空間因此分為兩大區域，分別是 Zone A（固定工作枱區），以及 Zone B（流動工作枱區），相當直白的改名方式，哇哈哈！

Zone A 與 Zone B 各佔單位的一半，兩者之間有四個高度及腰的格仔櫃，除了用來展出使用流動工作枱的 Fellow 作品，也是劃分兩個區域的界線。Zone A 內有六張五尺乘三尺的工作枱，三張一排地陳列。枱與枱之間的距離不算太遠，既可以看到隔籬枱的 Fellow 做什麼，又不會令人感覺被監視。

Zone B 則有四張長方型大枱（又名「豬肉枱」），還有一堆韓式烤肉店的鐵桶圓櫈，全部是二手貨（省錢嘛）。雖然東西的款式和顏色「九唔搭八」，但大家似乎頗接受這種「跳 Tone」的風格，無礙 Fellow 教班、見客，以及進行 Lab 舉辦的課程或活動。我們還在 Zone B 開闢一個小角落，鋪上人造草皮，擺放茶几、咕𠱸、小夜燈，還有喇叭播放音樂，希望讓 Fellow 可以在工餘時小休一會。

至於其他的裝置，我們看見不少共享工作空間都設有

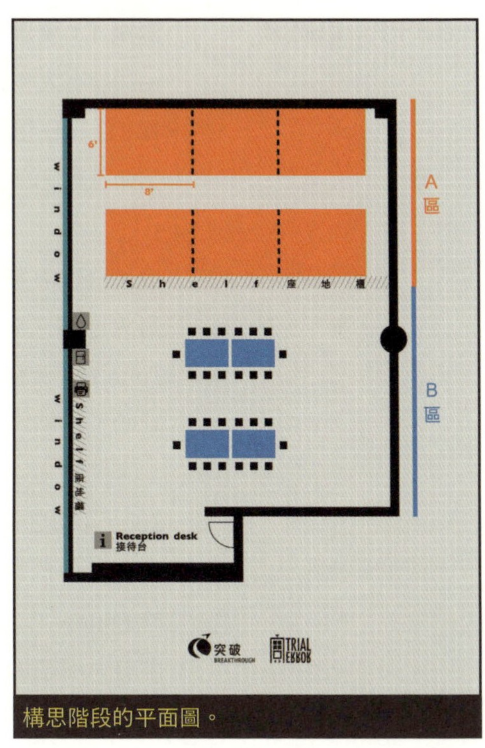

構思階段的平面圖。

黑板，讓人交流資訊，特別把其中兩道牆變成黑板牆（喲黑板漆好貴！），一道設在駐場 Fellow 的區域，方便他們在牆上畫畫交流，另一道設在大門附近，還邀請前設計部的同事為我們寫上十大試錯原則，以及畫上第一代管理員的似顏繪（！），試圖營造具創意、自由、輕鬆的氣氛。

同時，我們也想像 Lab 是一個有生活感的共享工作空間。為了方便進行各項活動（以及與 Fellow 飲飲食食），除了必要的蒸餾水機外，我們買了一大堆杯碟餐具，徵來二手咖啡機和磨豆機，還找來某汽水品牌的二手大雪櫃，就是多數在士多、餐廳見到的那種。我們不時到小店買飲品汽水放入雪櫃，以「誠實錢箱」的方式讓人購買（有基本定價，由客人自行把錢投入錢箱）。

測試 2：開展新計劃前，進行內部溝通

最後一個測試是「終極大佬」：機構內部的溝通！

（頭盔 Mode）首先，我要強調每位同事都是樂於助人，處處為我們着想，只是這個計劃對機構而言，屬於比較創新，不是每件事都有先例可循，所以要努力跟同事溝通和解釋。幸好得到各同事的協助，而他們提出的各類問題，也（迫）使我們好好思考執行細節，對日後推行計劃定下相當重要的基石。

與內部溝通關鍵位，第一是新物種 —— Lab Fellow。

平日出入機構的人，不是同事，就是義工或嘉賓，偶爾是活動參加者，像 Lab Fellow 這種既不是受薪，又不是參與活動，卻支付服務費用租用空間的人（嚴格而言，他們是我們的「租客」呢～），同事要重新拿捏與他們之間的權與責。例如：他們是計劃參加者，需要遵守計劃守則，但他們同時是租客，需要尊重他們的私人空間，不可以隨時打擾他們，干涉他們的工作日程，任意移動他們枱上的物品。

由於機構從未出現過這個「物種」，我們要花一點時間跟同事解釋與 Fellow 相處的界線，避免出現不必要的誤會。

與內部溝通的第二個關鍵，就是空間的使用。

Lab 是共享工作空間，也是 Fellow 租用的空間，共享使用的對象是 Lab Fellow。即使 Lab 的單位屬於機構，不代表同事可以隨時任意使用。

這個概念有點難掌握，因為機構之前在突破中心的另一個單位，有一個小小的地方，讓同事吃飯、休息和處理一些簡單的文書工作。同事或以為 Zone B 等同之前的共享地方，可以隨時開會、工作和吃飯。

有時開會一興奮，便容易高談闊論（管理員也會，自己打臉），變相騷擾 Fellow 工作。雖然不是什麼大事，但這些行為是佔用了 Fellow 的資源。坦白講，Zone B 不是日日有很多 Fellow 使用，有時明明沒有太多人，我們卻要婉拒同事不能入來工作，實在令人很糾結啊！

每一次開展一個嶄新的計劃，當中可能會遇上很多問題，是在籌備時不曾想過。就像這個一百五十日的實驗期，由於牽涉不同部門，需要溝通的情況，也比想像的多，但為免太過自說自話，只好從略。

總的來說，很多事情不只牽涉負責的同事，也會牽涉其他機構空間的使用，必須事前做好溝通的功課。以上兩個事例讓我們明白，想要計劃順利進行的話，「既安內又攘外」是重要的作戰方針！

老實說，面對這一個全新的嘗試，我們的內心百感交集。一方面，為着可以跟青年一起嘗試新事情，心情很興奮，但另一方面就處理裝修、與同事來來回回地溝通，連外向者的我都感到心很累。

不過，我們已做好心理準備，過程中必然有無法預期的難題，或會遇到 Error，需要調整！因為我們是 Trial and Error Lab 嘛～

試錯心法

"Just ask."

Lab 的大部分物資都是二手，或借用或低價購買，因為我們不想為一個未知能否持續的計劃添置太多東西，最後造成浪費。因此，我們列出物資清單，到處問朋友、「free 嘢」的網絡群組，甚至動用朋友的朋友。我們再一次發現只要你夠膽問，別人往往很樂意幫忙。即管出聲問一問吧，也許答案就在不遠處。

一百五十日實驗報告——計劃內容篇

轉眼間，經過了幾個月跟 Lab Fellow 吃喝玩樂（胖！）、接待各方新知舊雨、跟機構不同部門打交道（及打交）的日子後，一百五十日的實驗期來到尾聲。為了喚醒大家的記憶，先重溫一次在這段日子裏，我們進行了以下三大方向的測試：

1. 計劃內容；
2. 空間設計與設施配套；
3. 機構內部的溝通。

實驗結果相當豐富，將拆分兩篇分享。首先，是有關計劃內容的部分。

實驗結果 1：適合 Lab 的創作者類型

根據我們觀察 Lab Fellow 的使用情況，發現做手作工藝、設計和多媒體製作的人，比較需要固定的工作空間。他們需要地方存放製作工具、材料、器材、產品、包裝、出市集的陳列架等等。因此，日後招收新 Lab Fellow 時，我們以此為基礎，收窄了目標對象的範圍，以及在面談時特別留意他們的工藝需要多少工作空間。

使用固定工作枱與流動工作枱的 Fellow 有不同的需要。前者較適合全職的手作工藝師，他們需要較大空間進行創作、生產、「開料」（準備製作產品的材料），後者則適合半職或多職的手作工藝師，在工餘或週末時間教班或見客，空間小一點，或沒有固定位置也可以。

實驗結果 2：固定工作空間有助品牌發展

Lab Fellow 未加入前，他們多數「佔領」家中的飯枱創作。他們先花時間「擺陣」，陳列所需的工具和器材後開始工作。做了一陣子，家人（通常是阿媽）一聲令下：「執枱啦，開飯呀」便要馬上收拾。待吃完飯之後，當初的專注力減退，再沒有心情和力氣開工。如此一來，創作或生產的步伐自然減慢。

如果是全職的手作工藝師，還可在白天工作，但大多數的工藝師是半職或多職。工作了一整天後，時間所餘無幾，還要「朝行晚拆」，每次做了一陣子就要收拾物資，待下次再拿出來，靈感消退了，創作或生產的品質自然不會好。因此，有一個能夠讓他們專心工作的空間很重要，不但能夠好好做創作、生產貨品，還能鑽研工藝技術，長遠有助他們發展。

固定工作空間更有助 Lab Fellow 發展品牌生意。他們可以在 Trial and Error Lab 教工作坊、約客人看產品，甚至與合作伙伴一齊開會 Jam 橋，再不用擠在咖啡店或快餐店傾生意。畢竟他們是經營品牌，有一個得體的工作環境，能增加客人或合作伙伴的信心，加上我們的服務費用低於市價，令剛起步的 Fellow 可以用便宜的價錢租用工作枱，作為嘗試的起點，讓他們先在小空間站穩陣腳，再改善營運情況，令品牌發展慢慢走上軌道。

實驗結果 3：區分創作與日常生活

工作與生活環境是同一個空間，是不是夢寐以求的生活？ Lab Fellow 告訴我：不一定。

工作的地方就在伸手可及之處，不用換衣服，無須出門乘車，便可以馬上工作，於是營造了一種「不用急，可以悠悠閒閒地工作」的幻覺（？）。除非有極自律的心態，否則容易被家中的電視、電腦、寵物，甚至自己張床迷住，回過神來才發現已日落西山，一整天什麼都沒有做到！

Lab 的空間幫助 Fellow 劃分創作與日常生活。當他們要做與品牌或創作相關的事情時，因為生產的工具放在 Lab，就不能賴在家裏。他們特地乘車回來，總覺得要工作好一會兒才划算（！），不可能只待幾小時便走。有時他們見到隔籬枱的 Fellow 很勤力，也自覺要努力一點，不知不覺間又做了很久。直至「下班」離開 Lab，便回到日常生活（當然，如果 Fellow 不自律，在 Lab 也不會令生活變得有規律啊！）。

實驗結果 4：肯定工藝師的身分

做手作工藝師或創作者，特別是全職的，身邊的家人或朋友都不容易理解他們的工作，因為他們看起來無所事事，沒有固定的時間表，整天對着電腦（回覆客人查詢或做資料搜集）、畫來畫去（構思產品和練習技術）、摸東摸西（做產品或研發新作品），甚至拖着一大箱東西外出（教工作坊），親友總會擔心，問：「點解唔好好地搵份工？」、「點解日日都在家 Hea ？」可是，他們沒有什麼可以證明自己也有工作，只是模式跟一般人不一樣。

於是，一個固定工作空間對 Lab Fellow 很重要，不但讓他們有穩定的地方工作，更給予他們創作人的身分（Identity）。有了工作室，Lab Fellow 要每天外出「工作」，甚至可以帶家人或朋友參觀工作室，令親友較容易明白他們的生活（真希望有一天，工藝師不用做什麼來證明自己）。正因為有了這個身分肯定，他們可以更有自信地做創作或經營品牌。

實驗結果 5：群體讓人有力量

一大班做不同工藝或創作的 Fellow 走在一起，天天在工作室「你眼望我眼」，慢慢總會交流聊天，分享哪個市集好、寄賣的注意事項、哪間印刷較「伏」之類的行業資訊。當創作碰到想不通的問題，又會一起討論，問問各人的意見，從中得到更多靈感；有時遇上失意（不論職場或情場），大伙兒分享分擔，彼此聆聽和鼓勵，支持對方走下去。

這種生活令 Lab Fellow 不再閉門造車，而是看見創作、經營方式和生活的多樣性，能夠大膽嘗試，同時營造群體共存的氣氛，鼓勵大家不但做接收者，也學習成為付出者。為別人提供資訊也好，付出心神也好，各人不再只看到自己，而是知道在嘗試的路上，還有其他伙伴一起同行。

實驗結果 6：有 Input，更要有 Output ！

無論是 Lab Fellow、參與培訓課程的學員，還是 Lab 本身，我們都要求有成果展示。成品不用極級完美，但無論如何都要有。如果不這樣要求大家，很容易「試試吓無咗件事」，我們可不想這樣啊！

Lab Fellow 在開始前填寫了 Time capsule，記下了進駐目標。正所謂有證有據，他們不能公然「走數」，不過目標有時會隨着嘗試而修正。就像 Fellow「雜崩冷」，他們進駐時是想有個空間讓兩位成員交流討論，用不同的物料做創作，是具實驗意味的計劃。但他們在 Lab 遇上其他 Fellow，從中得到新的啟發，成員 Claire 最後決定做一個有關公共屋邨的展覽，以電繪的方式畫出全港公屋，並按不同的顏色區分和排列。雖然他們的成果展示與起初的目標不同，但他們讓我們明白，要接納嘗試是可以邊做邊修正，不必一切都一步到位呢。

至於參與培訓課程的學員，雖然一開始告訴他們要有成果展示，我們倒沒有想過水平那麼高，能在短短幾個月內交出高質素的作品。例如：有學員參與「手作人品牌建立研習班」後，自家品牌脫胎換骨，由卡片、包裝、Logo、陳列方式全都更改，就像做完整容手術，差點認不出來（我指的是品牌，不是學員）；因「社區導賞研習班」所誕生的導賞團，不但讓人更認識社區，也做到最初我們希望藉着導賞提出社會倡議的目標，其中一個導賞團帶參加者在馬路上踏單車，讓他們反思城市道路設計和交通的另類可能性，而後來至少有一位學員在接下來的幾年，繼續跟導師學習，進深練習在馬路上踏單車的技巧。學員能夠在短時間內交到功課，證明大家的潛能無限，我們決定日後的研習班也要有「畢業功課」，呵呵。

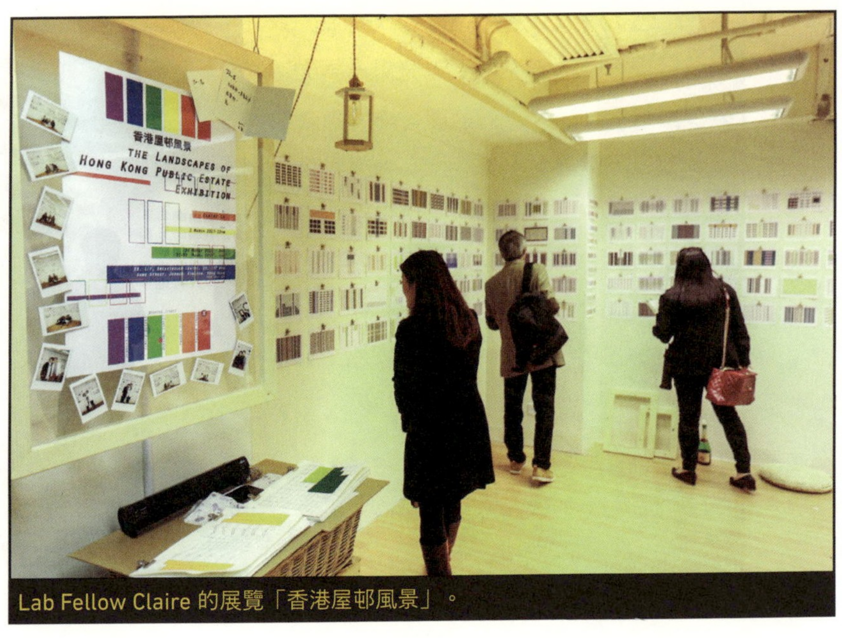

Lab Fellow Claire 的展覽「香港屋邨風景」。

「手作人品牌建立研習班」的學員正在向點評嘉賓介紹品牌。

「一百五十日實驗期」的實驗歷程。

至於 Lab，我們不但要安排合適的場地給 Lab Fellow 和課程學員展示成果，還要向公眾「交功課」，展出這一百五十日的嘗試過程。其實，很多部分我們不太擅長，還是硬着頭皮學習去做，包括：分享會、展覽和市集，務求以最適合的方式展示眾人的成果。

後來，Lab 同層的租戶已搬出，待 Lab 的一百五十日實驗期結束後，我們便拆除單位之間的牆壁。既然要重新裝修，我們把一百五十日的實驗歷程畫在單位的牆上，作為一個小小的實驗報告（這種展出方式很大膽）！

而我們在籌備成果展的過程中，發現有時太專注設計活動內容而本末倒置，忘了成果展不是嘗試的目標，而是展示嘗試結果的平台。我們不時提醒自己不要為做而做，而要聚焦在嘗試的過程中得到什麼經驗，這種 Ouput 才有意義。

試錯心法

「管理支持者的期望。」

台南共享工作空間「胖地」的 Jay（請重溫「走向台灣取經 ，如何成為創作人的第一站」），說政府官員三不五時前來參觀，發現不多人使用工作間，覺得參加者沒有善用政府資源。「其實創作者的生活作息跟打工族不同，沒有固定的上班時間，所以我們會跟官員分享創作者的工作模式，調整他們的期望。」

不時有機構的支持者去 Lab 參觀。他們通常在上午或中午來訪，一般沒有太多 Lab Fellow 在場，便狐疑地問他們為何不在 Lab。我們會跟他們解釋，Fellow 不是朝九晚五的打工仔，有時外出教班，甚至「炒散」工作賺錢，讓支持者明白 Fellow 也是努力地求存的一群。後來，我們汲取經驗，儘量安排支持者下午才來參觀，好讓他們看見 Lab 平日的生態。協助支持者理解參加者的處境，管理他們的期望，是每個負責人要學習的功課啊。

一百五十日實驗報告——空間設計篇

軟件的實驗結果已經如此長篇大論，硬件部份的實驗又怎會少呢？

空間設計與設施配套的測試，畢竟不是我們本業，出現想像與現實之間的落差是正常（自我安慰中）。

實驗結果 1：空間規劃合理，但界線要清晰

Lab 的空間共分為 Zone A 和 Zone B 兩大區域，即固定工作枱與流動工作枱區，這個安排是合理的，只是兩者之間的界線模糊，僅以幾個高度及腰的格仔櫃區分，還有三個入口進出 Zone A，但沒有標示那是駐場 Lab Fellow 的工作間，有種「無掩雞籠」的感覺，容易令人產生「可以隨時入內（強行）與 Fellow 交流」的錯覺。

其實，除了管理員之外，其他人士不能隨便內進，因此我們學習在規劃空間時，要在傢俬的擺位上清楚區別不同區域，例如：格仔櫃一字排開，只有一個出入口，以及要跟同事和參觀者說明 Zone A 是要有管理員的陪同才能進入。

在小角落鋪上人造草皮，期望是一個輕鬆小天地，但效果不似預期。

實驗結果 2：不要太浪漫

我們在 Zone B 的一個小角落鋪上人造草皮，擺放小茶几、咕𠱸和小夜燈，期望製造一個輕鬆的小天地，讓 Fellow 不時躺一躺。結果，他們很少在那裏休息攤抖，因為進入小草地需要脫鞋，有點不便（還要擔心自己或別人有無腳臭味），而且不是人人的裝束都適合坐在草地上，例如：穿裙子的女生。那裏的一切漸漸成為被遺忘的「角落生物」（沒有實際照明功能的小夜燈：別遺棄我啊！）。

大概我們被咖啡店的氣氛影響，起初的想像是共享工作空間需要背景音樂，所以在 Zone B 小草地擺放喇叭，還特意借來一部 iPod，天天播放悠閒音樂。Fellow 沒有說什麼，只見他們默默地戴上耳機，可能以為管理員喜歡聽歌吧，但我們也覺得有點吵耳，無法專心工作。最後，喇叭也成為被遺忘的「角落生物」（錄音室級的喇叭：別遺棄我啊！）。

至於兩道充滿文青感的黑板牆，在駐場 Fellow 區域的那一道，沒有如我們所願經常被畫，反而貼了不少海報和相片；而近門口的另一道黑板牆，我們寫上了十大試錯原則和似顏繪之後，沒有其他資料額外加上，成了一道賞心悅目的牆，但實際用途不大（早知不用花那麼多錢把兩道牆變成黑板牆！）。

結論：不是 Fellow 不需要休息的空間，而是空間的設計能否適切他們的需要。他們需要的是一個可以舒適地坐低、小睡一會兒，甚至打機的地方，因此沙發比草地更適合。至於調劑的音樂和音響器材是需要的，但只限於舉行公眾活動時播放的背景音樂，令場地有點氣氛，平日則不用。想聽音樂的話，Fellow 會自行找方法。找到這個平衡點，Lab 回歸安靜，適合大家專心工作了。

實驗結果 3：聲浪

談起嘈音（？），不得不提我們在 Zone B 舉辦各種課程和活動，一是當時沒有其他空置的活動室可以借用，二是那裏有空間，認為人多夠熱鬧——正確來說，應該是吵鬧才對！但是，Lab 是共享工作空間，舉行活動時的聲量會影響所有人，我們當時沒有留意這一點，幸好 Fellow 很包容。

不過，過大的聲浪始終是問題。有 Fellow 曾用喇叭聽歌或電台節目，影響隔籬的鄰居。除非發生大衝突，否則這種情況通常由 Fellow 自行處理，畢竟這些生活小細節就是共享工作空間必須面對的事。作為成年人的 Fellow 要學習面對（如有需要，管理員也會幫忙協調）。

實驗結果 4：要有日常生活的配套

雖然 Lab 有一個大雪櫃（以及一大堆杯碟餐具），但沒有翻熱的工具，例：微波爐或蒸爐，Fellow 就算帶飯盒，也無法翻熱。現在回想，實在慘無人道！我們知道有起居生活的基本配套對 Fellow 很重要，慢慢添置了電磁爐、鉆板、洗碗盤等。

提到大雪櫃，Lab 不是社區中心，不會有很多「街客」，實在不知道為什麼當時覺得有人會特意過來買飲品，害我們不時托着飲品回來（不就是你們自己嗎？）。而且，大雪櫃的櫃門是玻璃的，人人都看到裏面放了什麼，本為了方便「街客」選擇飲品，卻為 Fellow 帶來不便。

我們最初也在摸索 Lab 的定位，以為有社區面向，但愈做就愈發現 Lab 是 Fellow 的工作間，不應該隨便向外人開放。

實驗結果 5：保持靈活！保持靈活！

當時我們不肯定這個計劃在一百五十日後能否繼續，而且實驗階段又存在很多變數，所有的傢俬和陳設都是輕巧、可移動和多用途的，不會鎖死在某個位置，好讓我們進行各類型活動時都能夠用得上。四張豬肉枱既可獨立使用，也可以拼在一起做展覽、舉行工作坊，或與 Fellow 聚餐打邊爐（當時還未有疫情）；又例如投影機，我們沒有一部安裝在固定位置的投影機，而是找來一部手提版，把要放映的內容投射到牆上，所以投影的方向可以不同，用途也相對多元化，由投影課程的筆記到電子遊戲都有（我們試過和 Fellow 一起打機呢～）。

正因為經常把傢俬推來推去，地板的耐磨度成為關鍵。當時那猶如跳舞室的柚木地板，雖然氣質格格不入，但總算承受得住我們的折磨（！）。因此，地板是空間規劃的一大要素啊。

實驗結果 6：手作工藝師需要的燈光

因未知計劃有沒有後續，所以實驗期沿用原本的辦公室燈光。做文書工作為主的管理員當然沒有問題，但做手作工藝的 Fellow 卻覺得完全不行。

「平時做好產品之後，就會影相放上網店，吸引客人前來購買。但這裏的燈光太『死實』了，再靚的產品影出來都變到毫不吸睛。」

有 Fellow 因為這個緣故，每次做完產品，先拿回家中拍照，再帶到 Lab 給客人，變相打斷生產程序，減慢工作進度。雖說他們可以買燈箱拍照，但對於初起步的 Fellow 而言，投資實在有點大。我們了解 Fellow 對空間設施的需求後，為每一位 Fellow 買一盞可調節色溫的枱燈，而每一張枱的吊燈都可獨立調節色溫和開關，令他們可因應自己的需要調校燈光，又不怕影響到其他人。

實驗結果 7：內部必須溝通，溝通，再溝通！

今次的測試令我們發現同事也是開展計劃的持份者（Stakeholder）。

我們有盲點，以為只需要思考如何與外界，例如：參加者、嘉賓、傳媒、場地提供者等等溝通，卻很少想到要跟同事協調，甚至做異象分享。可是，經過這一百五十日的實驗後，我們才明白同事的支持是計劃成敗的關鍵。

當他們愈理解計劃的精神與定位、Fellow 的處境與需要，以及與他們相處的界線，就愈能夠為我們的着想，在機構既有的框架下，儘量多走一步，以彈性的思維為我們解決未有先例可援的問題，推動計劃時就更順暢。

至於如何做異象分享，除了在機構的大型會議中報告，更要在其他「地下渠道」下工夫，例如：在

Canteen 一邊吃早餐，一邊與其他同事說說 Lab 的近況和 Fellow 的故事，順道又分享遇到什麼困難，或心中想不通的疑問，有時同事會提出某些可行的解決辦法，又或者推薦其他同事幫忙，甚至因為明白事情的狀況而看看能否酌情處理。

因此，如果說對外溝通要用 100% 的力，對內溝通則需要 200% ！這是我們在一百五十日的實驗期中，其中一個最重要的學習。

現在回想，當時有一百五十日的實驗期，實在相當寶貴。在實驗期間，我們盡情嘗試各種可能，不論成功或失敗，都成為下一階段的養分。我們明白了凡事不一定要「一步到位」，經歷「嘗試—犯錯—再嘗試」的歷程也是可以的，不是什麼大事。只要每次犯錯後，誠實檢討和積極修正，總會慢慢找到最適合自己的方法。

試錯心法

「不要放過任何一個溝通渠道，包括 Logo。」

你有沒有想過 Trial and Error Lab 的 Logo 左邊的是什麼嗎？

那是整個 Lab 的鳥瞰圖，有幾張駐場工作枱和一大張共享的豬肉枱，呈現整個 Lab 的工作環境。至於最底的三角形，如同播放器的 Forward ／ Backward，就像 Trial and error 要經歷反覆驗證，不會一試就有結果！

再來一點想像力，圖案加起來，像不像「實」字呢？因為我們是實•驗•室啊！「實」字由中間切開，是為了開闢通道，讓創意流動，配合我們的格言「嘗試，直至我們找到出路」。

「一百五十日實驗期」結束大合照。

波仔及渣流灘設計部團隊製作了一個 Trial and Error Lab 的燈牌，成為工作間其中一個標誌。

正式運作的 Trial and Error Lab。

V city
Upcycling
海玻璃
水木研社
水木研社
Somoodstudio

Trial and Error Lab 的工作空間，劃分為流動工作枱（前）與固定工作枱區（後）。

駐場
實驗室伙伴

IV. 嘗試與探索——如何在城市尋找出路

TRIAL 8

ERROR

Lab Fellow 的市場探索

之前的實驗結果成為了我們重要的養分。在開展新階段時，我們帶着學習經驗與各方意見慢慢修正（又名「扭鬥」）。經過重新裝修後，我們由原來的地方搬到隔籬單位，在 2017 年 7 月正式開業！

在接下來幾年的營運期，我們在多方面進行嘗試，包括：我們與 Lab Fellow 的合作、如何與 Fellow 建立群體、Lab Fellow 的個人實踐，以及 Lab 與公眾的測試等等。每一次嘗試，都有新的 Trial and error，真的是活到老，學到老啊！

這幾年，我們與 Lab Fellow 經歷種種嘗試與探索，有成功的，有失敗的 —— 在這一章，我整理了這幾年的觀察，記下了 Fellow 如何探索他們的路向，如何經營自己的品牌，也記下了我們的不足，如何與 Fellow 相處，以至成長。

在開始的部分，我們先討論 Lab Fellow 如何探索他們的市場定位。

一般而言，Fellow 的進駐年期是一年，一年之後，可以申請第二年的進駐。他們跟新的申請者一樣，需要遞交新一年的嘗試目標和時間表，進行面試等等。

如果我們覺得合適，他們可以進駐多一年。

無論進駐多久，我們期望他們能夠提升工藝技術、確立市場和品牌定位，並在離開 Lab 之後，擴大或深化經營，慢慢走向以工藝和創作為香港創造文化為終極目標。

進駐期間，確定自己的品牌定位

咳咳，不要扯到那麼遠，先把鏡頭放回 Lab Fellow 身上。到底他們在進駐的日子裏，嘗試了什麼？

根據我們的觀察和偷聽（？），比較多 Fellow 在這段時間確立自己的市場和品牌定位。他們大多希望以創作為全職工作，因此需要探索主要收入途徑，找出在市場生存的方法。

歸納大多數手作工藝師的主要收入途徑：

1. 客戶訂製：按照客人的要求製作產品；
2. 手作市集，在本地或海外舉辦的市集擺攤；
3. 開辦工作坊，面對面或在網上開班授徒；
4. 籌辦網上教學課程，售賣預先錄製的教學內容（建議同時開設網站）；
5. 經營網店，加盟已有的電商平台，或者在自己的社交平台開店；
6. 店舖寄賣，把自己的產品放在合適的店舖寄售；
7. 企業合作，與其他公司一同開發、生產產品，大型量產。

可是，以上的渠道不一定適合所有人，創作人要按品牌的特色決定選用哪些方法。那麼，如何知道自己適合哪種途徑？答案很簡單，就是嘗試！

首四個途徑的門檻較低，自主度較高，創作人可按照自己的喜好和意願，開班的開班，參加市集的參加市集，參與的市集主題、教學內容也是自行決定；至於後三個途徑，因與第三方合作，門檻會較高，自主度或多或少受限制，例如：抽佣比例、陳列要求、創作內容等等，都需要事先協調。

但是，不是每一個品牌都能與企業合作。企業的合作模式是 B2B（Business to Business），多數希望尋找一些作品完成度高、風格統一完整，或有一定量產能力的品牌合作，最好還有商業登記或公司註冊，讓人覺得可靠和有信心，也方便公司會計部處理費用等問題。

以上的渠道不一定是線性進行，有人一開始就與企業合作，例如：Fellow Grace@GK Doodle。她的插畫品牌，雖屬起步階段，但有口罩公司跟她合作，推出用 Doodle art（隨意塗鴉）畫出香港社區面貌的口罩。

在嘗試中，尋找屬於品牌的經營模式

有人嘗試不同方法，從中發現哪些最適合自己才集中發展，就像 Fellow 夏競業 @Blackcred。他是一位藍

夏競業 @Blackcred 是藍曬工藝師。

曬工藝師。藍曬是一種古老的人手顯影技術，把顯影劑塗在紙張、木材或布料上，透過紫外線把圖案顯示出來。作品可以製作明信片、記事簿、鎖匙扣等，適合在市集、網店和寄賣店買賣，亦可在學校、公司、機構開辦工作坊，教導參加者使用這種古老的技術。

經過一年時間的測試，他發現最穩定的收入來自工作坊，便花更多時間開拓客群、練習教學方法，也投資購買教學工具。雖然他現在主力做手作市集的策展人，但當時的探索對他的品牌發展有一定程度的重要性。

Candy@L'ATELIER DE BON 以人手繞線，製作新娘頭飾和婚禮飾品。

又例如Fellow Candy@L'ATELIER DE BON。她的品牌是新娘頭飾和婚禮飾品，每件產品均是親手設計，用鍍銀線、淡水珍珠和水晶等，以人手繞線（Handwiring）方式製作。

未加入 Lab 之前，她擺過市集。為了迎合不同客群需要，她設計價錢較為相宜的襟花、Bow-tie、嬰兒頭帶等等，可是一般市集並不適合她的品牌。誰會在一個手作市集選擇自己結婚的頭飾，而且所費不菲？因此，她浪費了事前預備做貨的時間，甚至連市集的租金都白付。

後來，她決定不再擺市集，頂多參加與婚禮有關的市集，反而花更多時間認識婚紗、懷舊服飾的寄賣店，在那些店舖寄賣產品，又主動聯絡婚禮化妝師、攝影師和婚禮雜誌，探索合作機會，爭取曝光。如此一來，她接觸更多準新娘，有一些穩定的收入。她找到自己的市場，對準真正的目標客群，以適合品牌的方式經營，慢慢走上軌道。

如果你的產品適合，最初的階段大可以嘗試擺市集、辦工作坊、開網店、在店舖寄賣等方法，從市場的反應，如哪裏最多人買你的產品，或從自己的感受，如是否享受做貨或擺市集，就知道哪些方法適合你。在這些嘗試中，記得誠實面對自己。

不是說試過以上所有方法就能賺大錢，而是透過嘗試各種營運方法觀察收入來源，記錄屬於自己經營的模式。唯有了解自己的營運方式，探索合適的市場，擁有穩定收入，才能持續做自己喜歡的事啊！

試錯心法

「要持續發展手作事業，先要好好控制品牌的『血糖』。」

不少人發展手作生意時，經常考慮是否需要辭去工作，全職發展。但第一件要考慮的事，不是應該辭職，還是轉為半職工作，而是檢視現時的生活開支。按着生活開支，訂立一些目標，例如：品牌可不可以在六個月內，每個月穩定地賺三千元？然後，接下來六個月增加至五千元？

就像控制血糖指數一樣，創作人要保持平穩收入，不能一個月有幾千元進帳，另一個月一毛錢也沒有，這樣無法估算品牌的收入和評估經營情況。當你一步一步嘗試、修正再嘗試，達到本來訂下的要求，最後成為全職手作人不再是遙遠的目標，而是理所當然的事了。

多變世界的生存法則

小時候，我不敢想像用創意可以維生，因為我阿媽話，「做手作仔邊搵到食呀」（罪過罪過，請各位文創界的朋友原諒），但我現在看見愈來愈多年輕人選擇投身文創產業。

他們沒有從事主流工作，大多以多職或自由工作者的身分工作，收入可能不穩定，晉升階梯也不清晰，卻能換來更大的自由度，靈活地分配時間，做自己喜歡的事。所以，我很想跟我阿媽說：「呢個世界變咗啦！如果唔想被世界淘汰，就要學識改變。」

在尋找屬於品牌的經營模式後，創作人仍然面對各種挑戰。如何才能與時並進，在變幻莫測的世界中存活？這幾年，我見證很多熱血真實的例子，每一步都不容易。我從 Lab Fellow 的嘗試中，總結三個在多變時代中的生存法則。

法則一：「膽要大、心要細」

常說有新的意念，一定要膽大心細。膽大是把握每一個機遇，向着目標勇往直前，願意作出不同的嘗試，而不會諸多藉口，讓機會白白流走。

提到大膽，不得不提 Lab Fellow Terrence@HKMT。

Terrence@HKMT 以紙膠帶創作，拼湊成畫作。

他是一位以紙膠帶（Masking tape）做創作的工藝師。一般來說，紙膠帶多用在行事曆、筆記的裝飾，或貼小紙條等等。最初他主要以巴士站、電車站、路牌等為題，製作紙膠帶。後來他在想「可不可以把紙膠帶撕成一條條紙條，用來拼湊成畫作呢？」雖然他在大學唸工商管理，沒有美術或設計背景，算是由零開始學習紙膠帶創作，可是他完全沒有害怕，心口掛個「勇」字就參加 Lab 開辦的「繪本創作研習班」。

據說他報名時，沒有留意課程要求是完成一本繪本，但 Deadline 的壓力迫使他爆 Seed，令從未做過繪本的他竟然在幾個月間，以紙膠帶拼貼做出一本以行山為主題的繪本，光是把一小片一小片的紙膠帶慢慢拼貼，所費的心思實在不少！

這一切都是有回報的。在後來的繪本研習班展覽中，Terrence 展出的繪本，得到不少人的欣賞。公眾看出他以紙膠帶拼湊各種圖案，也能摸出豐富的層次感，有別一般的作畫做法。

Terrence 的大膽在於突破紙膠帶的用法，由純粹用來裝飾、黏貼，至化整為零地做拼貼畫，甚至不再只推出紙膠帶的產品，而是製作紙膠帶的道路玩具套裝，內含道路的紙膠帶，還有車牌、交通燈和街燈等模型配件，讓客人可以配合家中的玩具車使用。

「我也不知道市場會不會喜歡這個產品，就即管試一試吧。反正，我不會生產太多，要是沒有人買，改出其他產品就好了。」Terrence 聳聳肩說（這正是「做唔到就搵過第二條路」）。

他的大膽還在於不害怕做從未試過的事情。平日我們有機會進入中學舉辦工藝工作坊，未研究出紙膠帶新用途的 Terrence，自覺沒有什麼可以教人，後來有組織見過他的紙膠帶拼貼畫，覺得很有趣，於是邀請他舉行工作坊。

我：「你好似未開過工作坊喎！」

Terrence（又聳聳肩）：「啱呀，所以咪試下囉！」

那次工作坊分上下午兩個部分。上午，組織帶參與的小學生在戶外參觀，用手機拍下他們喜歡的畫面，而在下午工作坊，Terrence 教他們「起稿」，簡化相片的線條，再用不同的紙膠帶拼貼，重現相片的畫面。本來擔心學生們不喜歡工作坊，沒想到很受歡迎，不需要高超的技巧，大人小朋友可以自由發揮，令人樂在其中。於是，他又解鎖新的技能，開拓了教工作坊的市場，現在連老人家也是他的學生。如果當日他沒有放膽一試，又怎會找到一條新路向呢？

要求存，除了要膽大，還要心細。仔細用心觀察市場的變化，思考應對之道，才能在競爭激烈的世界中存活。

年紀輕輕的 Anna@Pursful 有一顆細膩的心，對市場需求有敏銳的觸覺。她的品牌是生產自家設計的手袋，也會提供客製化的服務。在疫情開始肆虐的日子，人人都在袋上掛上酒精搓手液，大多以顏色鮮艷的軟膠套套着，講求實用多於美觀。

對 Anna 而言，這不太對勁，「有時在街上看見一些女生，明明提着漂亮優雅的手袋，卻掛了一支軟膠套的酒精搓手液，很不搭配。即使是防疫必需品，也應該有精緻感啊！」

Anna@Pursful 製作自家設計的手袋。

於是，她設計實用而有格調的酒精搓手液套，以沉穩低調的襯色為主，讓人方便穿搭。她觀察入微，製作切合市場需要的產品，結果大受歡迎，算是在「疫境」中殺出一條新血路。

要捕捉到客人的需要，先要有慎密的心思。客人微小的舉動，也透露他們的所思所想。如果能夠細心分析，對品牌發展和產品銷售有一定的幫助。例如，Anna 觀察同一件產品，配上不同的產品照，客人的反應也有所不同。

照片 A

照片 B

猜猜看：你認為以上兩張圖片，哪一張有較多的 Like ？

不少人可能以為照片 A 既能清晰展示產品，消費者的焦點較為集中，也營造了生活品味而較受歡迎，但根據數據分析，照片 B 把所有產品同時展示，能與客人有較好的互動。不過，不同的社交平台有不同的目標用戶，策略要相應地調整，不能一本通書睇到老啊！

細心觀察消費者的反應，再經過多次測試（「耐性耐性耐性！」），找出有效與消費者溝通的方法，才能夠幫助銷售。細膩的心思，能夠帶領你找到出口。

法則二：「像推土機一樣作戰吧！」

近年的疫情大大打擊手作工藝師的收入渠道，要不是不能人群聚集，無法舉辦工作坊或參與市集，就是經濟環境變差，消費者的購買意欲大減，迫使工藝師不

Mandy@Mstandforc 以西洋書法和水彩畫創作。

得不研究新的經營方式。想在困難重重的環境下生存，就要像推土機一樣，用力開闢生存空間。

首先要有應變力，即使面對突如其來的改變，也能迅速地找出應對的方法，例如：Fellow Mandy@Mstandforc。

她是一位以西洋書法和水彩畫創作的藝術家。她的主要收入來源是擺市集和教工作坊，但因疫情關係，這些活動大多需要取消，收入大受打擊。於是，她開始發展網上教學。疫情初期，視像教學並不流行，大家對這門技術不太熟悉，她與其他 Lab Fellow 一起研究如何運用視像通訊軟件，大家在 Lab 的不同角落進行視像通話（其實彼此的距離好近，不用視像通訊也能聽到對方說話），又邀請管理員和其他 Fellow 參與網上工作坊，讓她嘗試視像教學的技巧。

由於以往多數是面授課程，她可以親身示範，跟進學員的進度，現在轉至網上教學，既不能在學員身旁，又要反覆測試鏡頭的運用，務求令學員容易掌握工藝技巧，理解工序。她重新設計工作坊的流程，也在自己的網站出售預錄的網上教學課程，令教學不再受時空限制，讓學員可以隨時隨地重溫教學內容，開拓新市場。

市場又好，世界都好，總是變個不停。既然舊方法行不通，就要想辦法應變，才不會吃土啊（也就是「諗多兩下，條條大路通羅馬」）！

其次是探索力，擁有隨時學習新技能和知識的能力。例如：Lab Fellow Jason@ 手作 J。

他製作手雕橡皮印章，題材廣泛，由人像、動物到街道牌、舊建築一應俱全。他學習這門技藝超過十年，還不斷學習木雕和篆刻等技術，探索雕刻工藝的新可能。

後來，他又學習陶藝，希望以不同形態展示印章的美，延伸印章的價值和用途。陶藝是一項專門手藝，他先由基本技巧開始，如手捏和拉坯，然後再探究如何把橡皮印章印上陶泥。

Jason@ 手作 J 先設計圖案初稿，再用雕刻刀雕出印章。

在研究的過程，他發現一些竅門，如製作印章時，要多注意線條的構圖，將印章留白的空間，完整地呈現在陶泥凸出的部分。這些細微的地方促使他以新角度看待印章製作，算是一種新發現。

經過三年的學習，在熟習陶泥的特性和可塑性後，他慢慢把手雕印章和陶藝結合，以橡皮印章做模具，印在陶泥上。之後又推出了印章及陶泥襟章工作坊，還會為客人製作有陶泥手柄的印章，為自己的產品和工作坊加入新元素，推陳出新。

Jason 設計印章圖案，再印在陶泥上，成為作品。

有時重複做一件事情太久，慢慢會變得守舊因循。當我們有一種「合埋眼都識做，不再求新求變」的心態，就是最危險、最容易被淘汰的時候！無論如何，讓自己保持能隨時探索不同可能性的能力和好奇心！

最後一種是「行動力」。一旦有構思，立刻把意念一一實踐，就像演員聽到導演一聲「Action」後，便馬上投入演出，不再理會其他事情。Lab Fellow Nicole，以及 Because@ 水木研社都是擁有「行動力」的巨人。

光看 Nicole 溫文爾雅的外表，實在想不到她的行動力如此高。她經營花藝品牌前，還有另一個插畫品牌「Nicole.says 力高說」。不少插畫師會把插畫轉化成不同商品，例如：文具、布藝品或生活用品，但製作樣本的成本高昂，或會令部分插畫師卻步，推遲量產作品的步伐。Nicole 卻不會被生產成本限制，當她

Nicole 的插畫品牌「Nicole.says 力高說」，以插畫發展不同產品，如明信卡、原子印等。

一有想法，便馬上繪製樣板印製，即使少量生產的費用較高，也會印一、兩件測試效果，以此再作修正。

有一次，Lab 借來一部製作原子印的機器，希望方便 Fellow 製作樣板，減省生產模具的費用（「開模」很很很貴），為量產做準備。Nicole 二話不說把插畫設計為原子印圖案，運用機器印製樣本，從中修正了圖案和線條，之後聯絡廠商量產。轉眼間，她推出了一系列原子印（！）。

不是說她不在乎生產成本，只是「唔試唔知做唔做得到」，有時試過才知道如何修正，做得更好。當別人還在思考如何行動時，她快人一步「Action」，就能早佔先機。若然一直光想不做，又怎能研發新產品呢？

至於 Because@ 水木研社，她擁有強大的實踐力，能從零開始一手一腳解決產品研發上的種種難題。

她的品牌以再造紙製造各種紙品，例如：婚卡和手造書等等。她曾參與 Lab 舉辦的「品牌研習班 2.0」，學習把產品商品化和研發輕量產。她一直遇到的問題，是再造紙製作費時，工序又多，但把產品定價太高就無人問津，便想研發手造紙燈具，既善用再造紙的特色，又能提高產品的單價。

可是，她對燈飾的電路設計一竅不通，什麼「伏特」呀、「Watt 數」呀、「跳 Fuse」呀，完全沒有概念。為了研發新產品，她花了不少時間研究，如用多少伏特的電，才不會「爆燈」，又如她本打算用「濕電」，後來覺得拖着一條電線不夠美觀，就想改用 USB 充電，於是又看了很多資料，研究如何在小小的燈飾中安裝電線，提供足夠電力。

為了鑽研新產品，她不但請教朋友以改善產品設計，還不時遊走深水埗鴨寮街眾多電子零件舖之間，買不同零件做測試，找出最適合的電力配置。

幾個月之間，我見證她由對飾燈的製作完全沒有概念，至慢慢找到方法，再經過無數次測試，終於成功研製出一台手造紙燈具！她在一個長木框中，善用再造紙邊獨有的毛邊，把紙張由短至長，一層一層地堆

Because@ 水木研社創作手造紙品，曾從零開始研製了手造紙燈具。

疊，遠看就像一幅山水畫，很有意境，亮燈之後，就更加漂亮！

有時候，「諗到唔等於做到，做到又唔等於做好」。不過最壞的是「齋諗唔做」，天曉得自己的意念是否真正可行。不要再等了，實實在在地實踐出來吧！

法則三：「與其獨食，不如齊齊有得食」

很多人認為「同行如敵國」，就算開班授徒，凡事都要留一手，以免「教識徒弟無師傅」。可是，如此一來，人人都把絕學收藏，整個行業又怎會有進步呢？即使有獨家生意，長遠只有自己苦撐，始終無法長久。與其視別人為競爭對手，倒不如跟其他行家一齊合作，令市場變得更大，更多人有生存空間，齊齊在多變的世界裏活下去。

我在 Lab 遇上了一些擁有不獨食精神，願意與其他人分享技藝的工藝師。如，Lab Fellow Irene@Present Present。她是年輕的押花老師，作品以細緻小巧見稱，用心保留花的色彩，具有層次感。她不時開班，非常樂意與學生分享自己的工藝，甚至帶他們一起去手作市集擺攤，讓學生出售作品，又教他們把產品定價、應對客人、了解市場等技巧。

噢，難道她不怕學生抄襲，甚至跟她「爭生意」嗎？Irene 笑說：「我的押花作品複雜度很高，即使抄到外型，也不易模仿箇中細節。」她相信，藝術是屬於每一個人，獨一無二的，「要在工藝上精益求精，需要求變與不停創作；只要我與學生一天不固步自封，就一天不會出現 Copy cat 。」

有時 Irene 見到學生對押花有天分、有熱誠，技術又達到一定的水準，就會鼓勵他們成立個人品牌，Pauline@Pozzimade 就是其中一個。她在 Irene 所

Irene@Present Present 製作精巧別緻的立體押花作品。

教的押花技巧上加入自己的風格，近年更舉辦了個人作品展，成為獨當一面的工藝師（Pauline 也是我們的 Lab Fellow。兩師徒曾經先後進駐 Trial and Error Lab）。

因為有前輩的提攜，才有更多新的文創品牌出現。談到為何要鼓勵學生創立個人品牌，Irene 說：「我走過這條工藝之路。若擁有好的手藝和作品，再走向市場，那麼自己與整個市場的水平都能提升。」

Irene 鼓勵學生 Pauline 成立個人品牌。

Pauline@pozzimade 從各地訂購花材，製作押花作品。

當市場有更多優質的文創品牌出現，愈來愈多工藝師做出優秀作品，就會有良性競爭，變相「做大個餅」。文創產業百花齊放，最大的得益者是誰？就是廣大的消費者，他們可以持續買到高質素的文創產品，喜歡購物的我想起都開心（笑）。

分享工藝有時不單令整個產業變得多姿多彩，也能為社會帶來一絲的改變。

Lab Fellow 阿富 @Grew From Hands 是一位皮革工藝師，最具特色的作品是雞蛋仔、格仔餅和中式蒸籠的皮具。他在工餘時間會在復康中心，教導學員製作皮革製品。

大半年後，學員製作了第一批作品，數量足夠擺墟市。他們擺完第一次，又再生產其他作品，擺了第二次……學員學習阿富教授他們的技術，開始自行設計款式擺市集、送給朋友，或拿到網上售賣；有些學員甚至能掌握皮雕或壓花技術，製作難度較高的皮革作品。學員們的手指愈來愈靈活，身體的不方便不再限制他們對未來的想像。

對阿富而言，教授製作皮革的技巧不單讓學員消磨時間，或令他們動動手指頭，而是培養弱勢人士有新的工作技能。「他們或者不識字、或者不會畫畫，但透過努力，成為真正的皮革師，這樣才能擁有滿足感、知識以至尊嚴，去投入社會。」

阿富 @Grew From Hands 致力製作富香港特色的皮革產品。

「點心蒸籠」錢包，由阿富逐筆壓出蒸籠花紋。

其中一位跟阿富學習多年的學員鳳蓮說：「我手腳雖不靈活，但鄺 Sir（阿富）沒像一般導師般降低要求，而是視我們為正常人。因為他，我們的作品足可媲美專業水平，還可以擺市集，這是我以前沒想過可以做到。」

分享工藝就像「五餅二魚」，分享愈多，得到的愈多。阿富說，「我不會把自己的知識『收收埋埋』或只教一半，大家一起學習，才能使更多人投身皮革工藝，市場就更蓬勃，這樣不是更好嗎？」

老套的說，這叫「教學相長」，在教導別人的同時，自己也有進步；市儈的話則是培訓小幫手（？），有時工藝師會遇上「快樂的困擾」（Happy problem），就是有機會教授人數眾多的工作坊，或接到趕製大量產品的合作機會。

如果沒有一定工藝技術的小幫手，要不是含淚婉拒，就是自己做到半死。假如在教班的過程中，有緣遇上心靈手巧、有志學習的學員，日後或可以邀請他們幫忙（車馬費當然不能少），令自己有能力接到更大的生意，也是業務拓展的一種啊！畢竟沒有人能夠獨自生存，大家互相倚靠才可以活下去呢。

以上 Lab Fellow 的嘗試，都是他們自發的行動，我們沒有太多催逼。我們經常戲說，管理員像健身教練，是 Fellow 的同行伙伴，在旁鼓勵他們，但不能代替他們去做去試。不少 Fellow 因為有人陪伴，於是夠膽做一直想試的事情，慢慢試出成果（或試完才發現不適合自己）。結論，同行陪伴是推動人做嘗試的重要元素！

試錯心法

「三個（唔臭嘅）皮匠，勝過一個諸葛亮。」

曾經試過有一屆，同時有三個做皮革工藝的品牌／Lab Fellow進駐，包括上述的Grew From Hands、手染皮具的墨皮，以及手造訂製皮具的H14。三人碰面時會聚在一起研究工藝，有時互相學習皮具製法。他們樂意分享，是因為他們分別掌握不同皮具製作的技術，正好需要彼此學習，一起提升工藝技術。有時工作坊需要小助教，他們還會互相幫忙，「有錢齊齊搵」！

嘗試，直至我們找到「出路」

當 Lab Fellow 埋頭苦幹地實踐個人目標時，有很多關心這個計劃的人不時問我：「他們成功找到出路嗎？」

通常我會答：「我們重視他們是否找到出路，多於是否成功。」

所謂「出路」，主流社會有一套自己的準則，但我們覺得真正的「出路」是 Lab Fellow 找到真正想發展的方向，可以是確立營運模式，也可以是放下原有的發展路向，甚至暫停嘗試的步伐，重新思考下一里路。如果他們做到了，我們就覺得是「成功」。

每位 Fellow 進駐 Lab 的日子，大約有一至兩年的時間，然後「畢業」—— 無論發展如何，或是自立門戶，或是尋找其他可能，他們不會一直留在 Lab。

勇往直前以外，還有其他可能性

Fellow Vinci@Muchakucha HK 是一位奶油黏土唧花飾品的工藝師，起初以半職身分創作。由於我們的工作枱收費低於市價，她能在較少經濟負擔下開展事業。有了工作基地，她可以專心創作、研發

Fellow Vinci@Muchakucha HK 運用蛋糕唧花的技術，製作一系列奶油黏土的飾物。

產品和開辦工作坊，加快推動個人品牌發展。慢慢地，她找到品牌的市場和營運方式，收入漸趨穩定，甚至能夠負擔坊間工作室的租金，作獨立發展。她曾開設自己的工作室，目前再轉換工作模式，改在家居工作室（Home studio）運作。

大部分 Lab Fellow 的發展步伐是前進、前進、前進進，由租用一張工作枱，至租用一個工作室。很多人覺得這種發展路徑合理不過，但要是在尋覓出路中途，決定停一停，是不是等同失敗？

Wasa@Alohawasa 是半職插畫師，經營插畫品牌數年，一直尋找發展路向。加入 Lab 之後，她修讀我

Fellow Wasa 經營插畫品牌 Alohawasa，作品特色是色彩斑斕。

們舉辦的品牌研習班，思考品牌發展方向；在突破書廊做寄賣，研發新產品；在餐廳擺午間小攤位，拓展業務網絡。經過第一年密集而快速的嘗試後，她決定先停下來，仔細檢視品牌和產品的狀態，不馬上申請第二年的進駐。Lab Fellow 進駐一年之後，大多接續申請第二年進駐（除非跟管理員打交，嗯？），所以 Wasa 的選擇是相對少見。

雖然如此，我們仍然與她保持聯繫。她參與了我們首辦的「試錯遊學團」，和其他香港工藝師一起到台北交流，進行海外市場探索，擴闊對文創產業的想像。

她選擇暫時停下步伐，反而令她逐漸了解自己喜歡以多職的工作形態經營品牌，慢慢重拾嘗試的熱情，開始與不同品牌或機構合作、推出新產品，作出形形色色的新嘗試。

有時我們會落入一種誤區，叫「隧道視野」（Tunnel version）。只看見眼前的事情，卻看不清周遭其他的可能。例如：既然開始做品牌，又申請了 Lab，無論如何都要繼續做，有時甚至忘記了初衷，只顧着汲汲營營生產產品，卻忘記了每個人發展步伐不一樣，可以向前、向後，暫時休息，甚至轉換跑道。

記得清楚初心，就會發現真正的出路

以插畫師 Fion 為例，她加入 Lab 本來是想經營一個結合插畫和銀器的品牌 Fionsay，最後她卻放下品牌，另作發展。

Fion 本是一位社工，可是她發現即或在社福界工作，無法改變社會資源分配不均的情況，決定辭職，去英國開始工作假期。在旅途上，她偶然認識了一位台灣女生，受到對方的鼓勵，報讀短期藝術課程，慢慢發現自己很喜歡繪畫。接下來，她在不同院校報讀造銀、油畫等課程，走上她以為自己不會選擇的藝術路。

然而，在構思插畫意念時，她遇上樽頸，開始嘗試其他創作，如造銀器，「重拾在英國學習的造銀技術，製作過程可以放空一下。」

Fion 把插畫揉合銀器做創作，結束進駐 Lab 之後，前往外國深造插畫技巧。

她一邊畫插畫印製明信片，一邊製作結合插畫與銀器的作品，去不同的市集擺賣，測試市場反應。後來，她陸續接到不同訂單，便想全心全意發展個人品牌，申請加入 Trial and Error Lab。

在進駐的日子，她在突破書廊寄賣，學習面對實體店舖的零售市場。為了令客人有新鮮感，她不時製作新貨品，而為了品牌有長遠發展，又報讀金工課程，學習不同的金工技術，「我想做得更好，提升製作銀器的工藝水平，創作出更高質素的作品呢！」

沒想到，這段日子，她忙得透不過氣。以前，她會跟其他 Lab fellow、管理員一起玩 Board game、吃飯和講廢話，但那段日子，她一邊上課，一邊趕製產品，沒有時間畫畫，連跟我們閒聊的力氣都沒有。

Fion 說，「我重視創作的過程，過於『做貨』。」做貨是指，重複製作相同的產品以供客人購買，而要吸引客人購買產品，需要考慮很多市場因素，如製造適合市場口味的產品、調低貨品售價至客人可接受的範圍，以及減少使用某些材料，以便「將貨就價」。

但是，她每天營營役役生產貨品、構思市場推廣策略，漸漸發現忘記最初造銀器的初心。「造銀器是我的興趣，造銀的過程也可以令我放鬆，但當生產銀器飾品成為我的工作，我要花大量時間學習金工技術，反而令我無法構思創作意念。」

正當 Fion 掙扎如何走下去，朋友在社交平台的分享，「把興趣留給興趣，是對專業的尊重」，給她一個好大的提醒。但是，她當初不是說想做一個把銀器結合插畫的品牌，是不是打算放棄？「最初我因構思插畫意念時卡着，才發展銀器與插畫的品牌。」Fion 續道，「原來我沒有處理最核心的問題，就是為何每次構思意念都會卡着。」

為了解決這個關鍵問題，Fion 再次做了一個重要的決定。「我將會去英國進修藝術碩士課程，專注地學習插畫技巧，直接面對當日的樽頸。」

Fion 嘗試過，努力過，認清通往理想的路上仍有一連串問題，也願意誠實面對心中的呼召（Calling），改變本來的想法和做法。她很清楚自己真正想做的是什麼，即使這樣的選擇，讓她需要放下經營一陣子的品牌也在所不惜。

這是 Error 嗎？我不知道。但是，若然這種 Error 能為人打開從未預期的大門，找到新出路，也總算值得嘗試吧？

有時，我們跟 Lab Fellow 傾談，發現他們有點迷失時，都會問他們最初為何開始做工藝。他們的答案多數是「喜歡做手作」、「想跟其他人分享自己的創作」，而不是一開始想要經營品牌。所以，什麼經營策略、市場推廣，又或在社交平台投入幾多錢落廣告之類都是次要，最重要的是不要失去做手作的熱情啊！

嘗試的路途，若然能一路向前，當然是最理想，但不一定每一個人的路都會如此順利。要是嘗試途中，真的發現自己不適合或不喜歡全職做手作工藝師，這雖是很殘酷的現實，但不一定要全盤放棄。興趣不一定是工作，也可以以半職或業餘性質繼續，但無論如何，要誠實面對自己，叩問自己的初心，找一條最貼近你理想生活的出路，這才是真正的成功！

試錯心法

"Just a ride."

有人說「旅行的過程比目的地更重要」，相信尋找出路的歷程也是一樣。最重要的，也許不是當下能否找到出路，而是沿途嘗試了什麼，累積了什麼。時候到了，出路自然會出現。

一個人走得快，一班人走得遠

Lab 不只是讓 Fellow 做新嘗試的地方，更是一眾 Fellow 一起協作，彼此啟發，衍生各式各樣的新嘗試。

對啊，正如我在起初所說，我們不是一開始就知道這個計劃的未來，而是跟 Fellow 一樣，戰戰競競地，一邊試一邊尋找方法，所以 Lab 團隊不負 Trial and error 之名，有勇敢向前與試錯的膽色（對，就是賣花讚花香）。有時，有些項目不是我們原本的想法，不過跟 Fellow 討論後發現可行，於是不斷爆發出一個個新主意（又名鬼主意）。

勇敢踏向未知，嘗試一些不知道會不會成功的事，確實需要一些勇氣。要讓人夠膽嘗試，最重要建立有心理安全感的群體。

在解釋什麼是「心理安全感」之前，先問大家一個問題：你認為以下哪組人可以為公司帶來最好業績和成效？

Team A：
集聰明才智、學識淵博、效率超卓於一身，可謂「一個打十個」的星級團隊。

Team B：
組員能力平均，各有專長，沒有誰比誰突出，平凡但有實力。

給你三秒時間想一想。

三……
二……
一……

嘻嘻，為免大家想喊「回水」，我馬上開估！答案是 Team B。相比 Team A，Team B 的隊員不是粒粒皆星，能力亦及不上對方，但他們卻能為公司帶來高效益的業績。為什麼？因為他們有「心理安全感」。

「心理安全感」，容讓大家發揮所長

這個小測驗來自 Google 在 2012 年展開的研究計劃。他們與不同公司的團隊進行超過二百場以上的深度訪談，希望找出組成高效能團隊的方程式。結果，他們發現能夠創造良好業績的團隊均有以下的共通點：

- 平等
- 慷慨
- 開放的好奇心
- 同理心
- 良好情商
- 心理安全感

以上幾個特質，全不關乎工作能力，而是個人的心態或態度，而「心理安全感」更是需要整個團隊一起營造，這也是組成高效能團隊的首要因素。

「心理安全感」指的是團隊成員完全不擔心犯錯會被人嘲笑或排擠，就算討論時提出一些看似天馬行空的意見，也相信不會被其他隊員取笑，變相鼓勵大家放膽提出可能促成團隊成功的冒險建議。而他們也願意接納可行但似乎有點大膽的方案。

Lab 從一開始，就是相信群體的地方。在嘗試的路上有高高低低，有時有人跌倒，需要別人扶起，大家互相扶持，便可以一起走得更遠、更久。就正如我們的團隊，也是從跌跌碰碰，互相補位之間慢慢走來。我們也希望 Fellow 在這裏感到安全和被接納，於是我們不時一齊玩，由打邊爐、食炸雞、野餐、飲啤酒（咳咳，在放工後）、打機到玩 Board game，甚至有兩年的聖誕節也去了其中一位 Fellow 的家 BBQ。

在飲飲食食之間，我們和 Fellow 分享了脂肪和膽固醇（所以我肥了很多！），也分擔了彼此的心事。有一次活動結束後，我跟幾個 Fellow 坐下來休息，一邊飲啤酒食零食，一邊講廢話，聊日常生活的瑣碎事，後來有人「開感情台」，分享自己的感情生活，或是二人不知道如何走下去，或是受了情傷，正值低潮。我們互相聆聽，彼此分享，沒有人說大道理，只是默默的陪伴對方。

是的，我們希望與 Fellow 不只是一般提供場地與服務的關係，而是在工藝以外，更加一起經歷這一段尋索之路。

不是完美的群體，互相鞭策成長

可是，別以為 Lab 是天堂般的群體，產生美好的誤會，我們之間同樣會有人際問題，需要處理，需要互相包容，也要接受不是每一個人都能成為很好的朋友。

如果我們有其他想法，不會對 Fellow「齋呵唔鬧」，不會任由事情發酵，而是直接向他們提出，也鼓勵 Fellow 之間分享合宜的意見。這一切都是為了令大家能夠進步。

例如：我們鼓勵想開辦手作工作坊，但從來沒有或很少教授經驗的 Fellow，可以先找管理員或其他 Fellow 協助試堂，互相分享工藝技術之餘，又可從中練習教班技巧和收集意見，以及改善教學流程。我因而被發掘有測試 Workshop 下限的能力，號稱「Workshop 下限之鬼」！

有一次，阿富 @Grew From Hands（見〈多變世界的生存法則〉）想開辦皮革格仔餅零錢包的工作坊，於是邀請一眾管理員和 Fellow「試堂」。他希望我們由零開始體驗，由「開皮料」（把皮革剪裁成需要的形狀）、「猄皮」（用工具在皮革上打出要縫線的洞），到縫線和打磨等工序，全部由我們一手包辦。

由於皮革格仔餅零錢包是立體設計，縫線要有弧度，技術要求皮革比較高。工作坊原定三小時，最後有部分人用五小時完成，而我則用了十小時！嗯，撇除我對皮革製作毫無概念，主要是我極不專心，每隔一陣子就走來走去，以致進度嚴重落後，期間嘗試偷走失敗，唯有在被監視下咬緊牙關完成。

完成工作坊之後，大家給了阿富一些意見，讓他明白工作坊不等於讓參加者體驗所有工序，而事前的準備工夫愈多，就愈省時（確保準時收工），還要重點留意進度落後的學員（不是我），協助對方趕上進度，慎防對方無法理解工藝的樂趣，嘗試半途偷走（也不是我）！

另一次，Lab Fellow Iris@A Little Message 打算開辦手雕印章工作坊，製作了一本教學手冊，以圖解方式說明雕刻的技術。但是，管理員和其他 Fellow 看不明白，後來發現她以自己的視點，也就是鳥瞰式畫下雕刻下刀的方向，與用家多數以水平角度看如何下刀有所不同。擅長畫插畫的 Grace@GK Doodle 當日有份參與，在她學會雕刻技巧後，便為 Iris 重新繪製圖解，有助日後教班。

一個人不可能懂得全部事情，亦容易有盲點。只要願意開放自己，尋求他人意見，或邀請適合的人協助，便能找到走得更持久的方法，這就是群體的力量。

Iris@A Little Messgae 以手雕印章創作。

Grace@GK Doodle 的作品以 Doodle Art（隨意塗鴉）為主，曾在突破書廊展出「城門河散步日誌」，記錄一些在日常生活中被忽視的景物。

試錯心法

群體是需要建立的，不是所有人一加入 Lab 就能成為兄弟姊妹，互相信任，繼續成長。綜合了三個無聊但有用的方法，日子有功，或者不知不覺，群體就能建立。

1. 吃邪惡但美味的食物：共享過脂肪和膽固醇，就是兄弟姊妹（？）；
2. 看似無謂的廢話：通常認真而交心的對話，往往是由廢話開始；
3. 花時間一起 Hea：不用每時每刻都是「工作 Mode」，一齊無所事事反而有助建立關係。

衝突不可恥，而且有用

正所謂，「有人的地方就有江湖」。

Lab 這個江湖，人人來自五湖四海，小至生活細節，大至價值觀都有不同。可想而知，要大家一起在共享工作空間相處，少不免有衝突。再三提醒，別以為 Lab 是美好的天堂，Lab 與 Fellow 之間往往花了不少時間磨合，也曾因着各種事情而有誤會，甚至爭執！

起居生活的小爭執

Fellow 長時間在 Lab 工作，有舒適的環境是很重要的，但是每個人的要求不同，而這些看似只是日常的生活小爭執，往往是一條導火線。

每個人的體質不同，有人怕冷，有人怕熱，結果是有人覺得熱，就把冷氣的溫度調低，有人因而覺得凍，又把冷氣的溫度調高，甚至關掉冷氣。而且，Lab 的環境有先天的缺陷，冷氣分佈不太均勻，大家對冷氣要開幾多度容易有分歧。

冷氣溫度以外，聲浪也是一個問題。有時 Fellow 會因為聲浪太大而有意見，尤其教班的時候，其他人在高談闊論，影響學生聽課，又或者有 Fellow 用喇叭聽音樂或電台節目，有 Fellow 則要求工作間從早到晚要安靜得猶如圖書館。不同的工作模式，致使大家使用空間的取向不同，這都需要大家坐下來傾談溝通。

近年，因為疫情，防疫標準也成為新的衝突位。Lab 是共享工作空間，有些人家中有老有少，希望大家共處一室時，能夠時刻戴上口罩，但「吊頸都想抖下氣」，有時在自己的工作枱範圍，難免會想脫下口罩呼吸新鮮空氣。各人標準不一，「一戴一露」的口罩問題，在 Fellow 之間產生頗大的張力。

面對這些情況，管理員多數採取「積極不干預政策」，即協調大家溝通，鼓勵各人講出自己的需求，但不會做裁判，決定誰是誰非，又或一錘定音，決定某種做法。畢竟大家是成年人，而管理員不會全天候在 Lab，Fellow 要學習與其他人協商，共同找出彼此都接受的解決辦法，這是在共享工作空間其中一項重要的生存技能。

至於如何協助大家溝通，例如：有時我們會在 WhatsApp 群組提出一些日常觀察，邀請大家分享意見，一起討論。有一年，Fellow 對冷氣溫度的調節有極大的分歧，幸好他們沒有把不滿藏在心裏，而是在群組中直接表達。即使大家的立場未必一致，沒有人人身攻擊、表達過激，而是心平氣和地據理力爭。

可能有人認為有衝突是壞事，想盡力避免，希望和睦相處。我倒慶幸他們願意坦誠表達，大家在同一屋簷下朝夕相對，意見不合是平常事，把不滿憋在心裏，起初或者可以忍受，但後來一定引起更大的反彈，無法好好相處，不如開門見山講清楚。衝突也是溝通的一種，而理性的溝通，有助解決紛爭。

公還公，私還私

雖然上一篇提到，我們想營造群體，與 Fellow 同行進步之餘，也會一起吃喝玩樂，正如 Fellow 之間有他們的相處問題，我們與 Fellow 之間也不能避免有各種問題。

以下所寫的都是，這幾年間一些嘔心瀝血的經歷，是我們在 Trial and Error 中無法避免的部分。

我們與 Fellow 的關係複雜，既是伙伴，又同時是計劃負責人與參加者，當要「揸正嚟做」的時候，難免會傷感情。

在最初一百五十日的實驗階段，我們還未知道計劃是否能夠繼續，所以跟Fellow說明不保證有下一階段。後來，我們得到一些基金的贊助，可以正式開展計劃，便推出宣傳，招募新一批的參加者。

Fellow在平日的交談時，會跟我們透露自己的意向。有些人希望繼續進駐，有些則另有打算，但是我們認為他們已是自己人，若要他們跟新的參加者一樣，經過正式的申請和遴選，好像有點不近人情，便沒有跟他們交代新一屆的申請過程和進駐要求，於是大家誤以為可以順利過渡。

事實上，我們在實驗過程已發現哪一類人適合進駐，包括工藝對空間的需求、工藝種類和進駐目標等等，所以沒有經過申請和審批，對於哪些 Fellow 可以繼續，哪些到此為止，都有「心水」。

一般來說，當租約到期，業主按合約條文中止合作，或提早跟對方表示不續約，讓對方另作安排，都合情合理。問題是我們和 Fellow 的關係不止是業主與租客，也是着重群體的圈子，即使我們提早跟 Fellow 交代，預留時間給他們另覓工作室，但沒有公開申請程序和遴選安排，難免令 Fellow 覺得我們有黑箱作業、親疏有別之嫌。有 Fellow 因而大感不滿，在網上公開表達對我們的失望。

事情的處理未如理想，我們自知不足，破壞了我們與 Fellow 之間的感情。即使大家是伙伴，有感情、有關係，但工作上的安排還是要繼續解決。就算我們相信自己的判斷，認為個別的工藝未必有益於對方和 Lab 的共同發展，也不要因着大家相熟就略過一些程序。與此同時，如果我們想經營群體，做決策時就必須把參加者的感受納入考慮之列。

我的以為不是其他人的以為

後來有一次，我們參與一場大型活動，讓 Fellow 以展覽或活動的方式展示成果。我們一早列出工作時間表，交代何時遞交活動的資料，如活動名稱、詳細內容和上架圖則。有 Fellow 只交了簡略的展覽概念圖和基本資料，大約示意展出的範圍，但未有清楚交代上架的方式、展品的用色和物料。

一般而言，我們需要待 Fellow 交齊資料，協調清楚才能工作，但因着時間趕急，加上之前也曾跟這位 Fellow 合作過，而對方展出的工藝也跟上次相同，便以為展出的作品不會相差太遠，在未看過詳盡的展覽設計圖下，就通過讓對方着手籌備。

直至上架當日，我們才發現 Fellow 的展品用色跟我們想像很不同。上次的色調低調含蓄，今次鮮艷明亮。本來不是問題，只是我們事前未有跟場地溝通，因此展品與展場的風格不太協調，而且展品擺放的位置較低，參與者行過，稍一不慎便容易弄髒展品，甚或掉下來擊中路過的人。於是，展場希望 Fellow 能夠調整展品畫框的用色，令兩者的風格不至格格不入，同時出於安全考慮，提議把展品的位置升高，以保障大家。

於是，我們跟 Fellow 提議先把已上架的作品取下，由他安排轉換另一種顏色的畫框，再重新上架，並取得對方口頭同意。但是，當我們取下作品後，Fellow

卻認為我們未徵得其同意便擅自把作品取下，不尊重藝術家，感到極大不滿。

由於我們的協議是在電話進行，事後也沒有白紙黑字的紀錄，於是出現「我以為你同意，但原來大家的理解有不同」的情況。其後，對方在自己的社交媒體上以數篇千字文指控我們。中間的誤會實在難以說清，為免愈描愈黑，也就不再辯解。

這次的衝突之後，我們作了多次檢討，如何避免同樣事情發生。

即使認識多年，又合作無間，舉行展覽和活動前還是要簽訂合作協議書。以前一貫的做法，不代表這一次也是一樣。就算合作多次，只需一次的不愉快，就會破壞了雙方的關係，影響往後的合作。我們作為 Fellow 與場地之間的協調者，理應讓雙方彼此了解展覽的細節，交代清楚場地的要求和限制，但我們與展場合作多年，沒有意識他們也是展覽的持分者，展出的方式和上架用料等，都要與他們協商；同時，我們也應該跟場地方和所有參與活動的 Fellow 簽署合作協議書，一早列明權利與責任，以免爭拗。

事實是，就算相處再久，也別以為我們真的清楚彼此的想法，以為凡事可以商量，不用白紙黑字，因為你的「以為」和我的「以為」可以很不同。每次與其他人有口頭協議，事後都要有白紙黑字的紀錄，或是電郵，或是短訊。雖然有些人覺得這樣的做法是多此一舉，尤其在匆忙時可能沒有太多時間確認，但這能確保大家的理解一致，避免溝通誤會。

而且，在任何情況下，千萬不要動手處理創作者的作品。創作人對展品如何擺放都有自己的意思，不要以為順手就幫忙處理。就算展品跌下，最多是幫忙收拾，待對方前來後，才請他自行重新上架。這一來是創作者的責任，二來能免去一些爭拗，也減少重新上架時可能引致的問題。

重要的事情要講三十次

至於史上與 Fellow 最嚴重的衝突，是關於媒體訪問的分配。現在回想還是會冒一頭大汗。

話說有一次，有一個短片平台聯絡我們，希望邀請幾位 Fellow 做群訪。或者是出於傳媒人的觸覺，我們認為個人的訪問更有深度，也可以令 Fellow 的故事更加聚焦，反建議拍攝隊伍做個人專訪。

而且，這個短片平台由年輕人組成，拍攝風格比較熱鬧和活潑，我們認為安排較少受訪經驗的 Fellow 參與比較合適，可讓他們在年輕的頻道練習受訪技巧。因此，群訪變成了專訪，受訪對象也改變，於是我們與拍攝隊伍商討訪問名單，並列出優先次序，來來回回幾次，最終只訪問了建議受訪名單上的部分 Fellow。

事後，本來「有份群訪但變成無份專訪」的 Fellow 得悉此事，相當憤怒，不單失去受訪的機會，更認為我們不是他們的經理人，不應該在未取得他們的同意下，擅自為他們編排訪問。

而一石激起千層浪，此事還牽扯出其他問題，如有 Fellow 認為 Lab 在自家的社交媒體發布的報導分配不公。我們不時會為 Fellow 拍攝短片或撰寫文章，在自家的宣傳頻道曝光，也會採訪本地其他文創品牌，讓公眾認識香港的文創產業。

有 Fellow 認為媒體曝光機會，應該優先給予 Fellow。於是，當他們看見我們報導其他工藝師，就有一種資源被削薄的感覺。

或者因為我們跟 Fellow 的「異象分享」不足，未令他們明白我們的媒體製作，不只是為 Lab Fellow 服務。Lab 的目標不只是經營共享空間，也希望藉着傳媒的力量，報導不同的本土工藝師，增加大家對文創產業和工藝價值的認同，培養更多潛在的消費者，推廣手作文創價值。只要題材合適，Fellow 也好，其他工藝師也好，我們都會採訪拍攝。

為此，我們跟 Fellow 在 WhatsApp 群組中展開來來回回的千字文式對話。他們表達不滿和失望，我們也為訪問安排致歉，同時也重申自家媒體製作的用意。

在過程中，我和其他管理員同樣感到很傷心，大家明明相處幾年，理應了解我們的為人，但竟然認為我們不公不允。實不相瞞，我在這段期間曾難過得落淚、失眠，甚至萌生「唔做呢個計劃」的念頭。

為免文字溝通再產生更多誤會，我們後來與 Fellow 面對面傾談。我們沒有視之為對質或批鬥，而是希望大家坦誠溝通，說出對事情的理解，表達箇中的感受。我們承認安排訪問有不當的地方，並建議日後媒體訪問的處理方法，同時跟他們再次分享 Lab 的自家媒體製作的目的，是為了推廣工藝價值和敢試敢錯精神，以釋除他們的誤解。

當晚，我們傾到夜深，大家都哭了。彼此相信對方不是那種人，只是中間存在不少誤會，又一直藏於心裏（坦誠是很重要的！），於是因一次媒體訪問而觸發了軒然大波。幸運的是，我們能夠把一切「攤出嚟講」，成功與 Fellow 冰釋前嫌，關係反而更豁然開朗。

一般而言，如果有媒體邀約訪問，我們會先了解記者的要求，建議受訪單位，再由記者決定。當記者未必指明訪問哪一位 Fellow，我們則列明記者的要求和訪問的時間，給 Fellow 舉手認投，再由記者挑選，保持過程公開透明。

同時，我們把重要的事情講三十次。不要以為他們是 Fellow 就一定清楚明白，而是三不五時跟他們重溫又重溫（自己快要成為長氣老人），例如：Lab 的理念、共用空間的守則、傳媒訪問的分配原則、自家媒體的目標（編輯自主，而且不一定訪問 Fellow）等等，確保大家有相同的理解。

衝突是很累的，有時為同一件事溝通，來回幾十次以後，還是可能有很多誤會，真的會讓人感到氣餒，但我們重視群體，相信群體的力量比單打獨鬥為大，自然要接納它的副產品：「差異」。所以，意見不同也好，衝突也好，我們既然無法避開，在檢討自省以後，也只能繼續面對。有些時候，衝突以後，我們和好，甚至感情更加深厚；同樣，我們試過關係破裂，傷心難過。但是，在看見差異的時候，我們希望花時間跟 Fellow 溝通，不怕面對衝突，釐清中間的不滿與誤會。我們不要虛偽的和諧，而是要真實的相處！

試錯心法

“Make sure everyone is on the same page.”

你的想法、我的想法、他的想法，可以相差得天南地北，保持資訊流通很重要。不時跟各方協調溝通，確保大家對同一件事有相同的理解，可以化解不少紛爭。溝通的確很花時間，但如果不溝通，隨時會省時變費時。

做大個餅

Lab 希望栽培投身文創產業或嘗試另類職志的青年，為他們提供工作空間、培訓課程、職志輔導等等，令他們有能力和方向繼續發展。可是，光是裝備他們並不足夠，如果無法令主流社會看見文創工藝的價值，讓父母、老師明白從事文創或非主流工作也是一種出路，就算我們努力栽培一班「好打至曉飛」的青年都沒有用。因此，Lab 從一開始就決定，這個計劃不但面向青年，更要面向公眾，藉各種方法讓大眾認識多元職志，以及促進敢試敢錯的社會氣氛。

現身說法，介紹多元職志

我們跟中學合作舉辦手作工作坊，以及邀請 Fellow 分享，藉此讓學生認識文創產業這種非主流的工作，啟發他們對未來職業選擇的想像。我們特別與一些「Band 2 尾、Band 3 頭」的學校合作。成績最好和最差的學生都有明顯的出路，中游的學生可能需要對工作選擇有多一點的啟發 —— 當讀書未必最能發揮同學的才能，「落手落腳」的學習可能更適合他們，希望透過 Fellow 的工藝分享幫助學生發掘自己的其他技能。

同時，我們也跟老師分享職業的未來趨勢，例如：彈性工作模式漸趨流行，以及人工智能的廣泛應用，希望藉此讓他們看見在多變的時代中，該如何裝備學生投身職場。雖然不一定每一位學生都想投身文創產業，但藉着我們的活動，讓同學和老師發現有人以創意維生，又或者知道主流工作以外，還有很多選擇，促使大家重新思考自己的未來，勇於尋找一條適合自己的路。

其次，我們跟不同的社福機構和企業合作。除了舉辦手作工作坊和 Fellow 的分享，推廣工藝價值和認識多元職志之外，更有團隊建立，以促進兩代之間的了解。一間公司有不同年紀的員工，有時因為世代的觀點不同而產生矛盾，藉着這些活動，員工有機會認識新一代的想法和價值觀，讓他們合作時能有多一份理解。

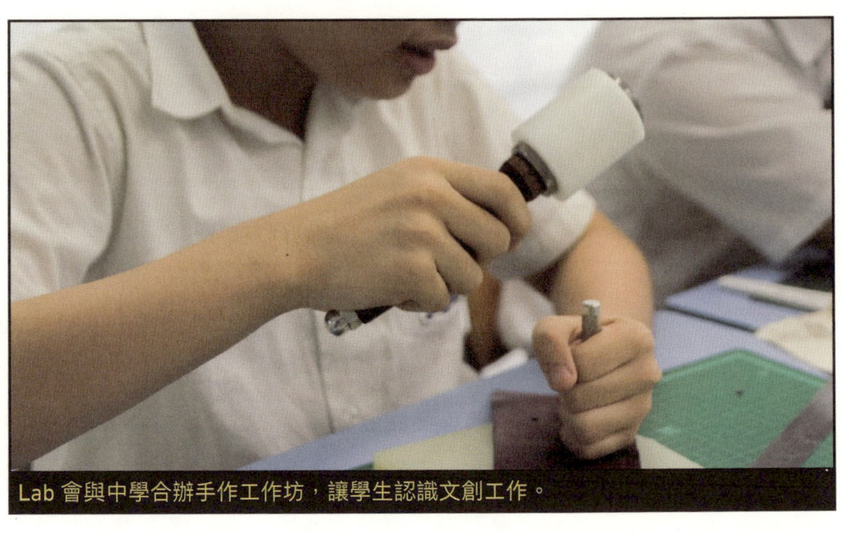

Lab 會與中學合辦手作工作坊，讓學生認識文創工作。

想不到的是，分享會有時變成了親子講座。有一次，我們和 Fellow 到一間企業分享，參加者都是企業的員工。席間有員工分享子女想做攝影師之類的自由工作者，但他不贊成，與子女衝突，問我們該怎辦。

我們相信他之所以反對，不是因為專制，而是出於愛護子女，擔心他們的收入不穩。然而，靈活工作模式現在愈來愈流行，已與父母以往的工作經驗不同。於是，我們分享彈性工作模式的特性、對本地經濟的貢獻、創意產業的工作型態等等，希望藉着理解新的就業趨勢，減少兩代的矛盾。

雖然不知道我們的解答最後能否化解該員工的家庭紛爭，但相信藉着我們的分享，有更多人認同（或至少理解）多元職志，開拓大家對職業選擇的想像。長遠而言，這或有助更多希望投身非主流行業的青年，讓他們在嘗試的路上走得更順暢。

用媒體力量散播希望

除了面對面接觸，我們還會以媒體推廣理念。

傳媒能讓我們廣泛接觸群眾，包括一些本來沒有關注手工藝的朋友，是很重要的推廣工具。當 Fellow 的故事與敢試敢錯、多元職志、工藝價值有關，我們除了在自家媒體上報導，向公眾介紹他們的故事，也會運用做傳媒時的人脈，爭取機會讓 Fellow 在電台、電視台或網媒曝光，讓更多人認識他們。

我們也曾推出一個小小的媒體企劃，希望讓公眾認識本地文創產業之餘，從中得到鼓勵與安慰。時值 2020 年初，疫情最初爆發的時候，整個社會「七國咁亂」，各人的工作、學習、生活都亂作一團。當時我們在家工作了好幾個月，無力感深重又百無聊賴（？）。我們是受薪員工，就算在家工作也不會「手停口停」，但一眾手作工藝師或自由工作者則深受影響。他們大部分的工作都取消了，以前的收入渠道都沒有了，有工藝師索性轉行送外賣。看不見盡頭的困境，不但影響他們的收入，更嚴重打擊他們的士氣，而這份灰心徬徨同樣瀰漫在全港市民的心中。

為了求存，就要想辦法變陣走下去。過程或會有很多 Trial and error，但也是創造新可能的契機。因此，我們籌劃了「救救 MASS 出路提案」的系列短片，記錄大家在逆境／疫境下的變陣重生。雖然名為「出路提案」，但老實說受訪者沒有答案，也是「摸着石頭過河」。我們只是記錄他們在轉變中嘗試了什麼，希望引發大家思考自己也可以做怎樣的嘗試。

企劃名稱取材自口罩品牌「救救 Mask」，由 Mask 改為 Mass，取意想救救大眾。整個企劃由四條短片構成，先有青年唱作 Rapper Luna Is A Bep 演出《不如我哋一齊變》，歌曲記錄很多疫情下的新常態，以及人與人之間的疏離與無力感。之後再有街頭訪問短片收集大家的轉變，例如：有人學習用無名指開門和按電梯掣（我試過，真係好難！）、有人開始多做運動，強身健體。最後兩條短片訪問了兩個文創品牌，其中一個是 WORDist 彩繪文字師，分享他們在困境中的新嘗試，以及如何用手作工藝回應社會。

WORDist 彩繪文字師小欣子本覺得自己手無縛雞之力，無法為社會做什麼，後來她想通了，「每個人總可以做到一些事情，只是有沒有踏出那一步而已。」她由自己最擅長的事情做起，只要願意跟她分享故事，就可以免費獲得一顆手繪獅子山石頭。她收到了很多人的故事，有人說出面對入獄的恐懼，也有人因朋友去世，希望得到安慰。她沒有想過一顆長三厘米的小石頭，也能成為許多人的安慰，陪伴他們走過低谷。

那幾條短片沒有什麼大道理，也沒有說明必勝的轉型方法，但至少讓大家知道自己並不孤單；同時告訴大家：在看似絕望中，仍然有人努力尋找希望。

I came, I saw, I involved

談到 Lab 每年最大型的公眾活動，一定是 Trial and Error Fest（2020 年前名為「成果展」）。我們相信親身到現場去看去經歷，才能產生力量。因此，我們藉着展覽、工作坊、分享會、市集和各類創意企劃等方式，讓公眾認識一群勇敢嘗試的青年，不但看見工藝師的進駐成果，也令他們從中理解工藝價值和試錯精神。

每年 Fest 期間，Fellow 以不同方式展出他們的進駐成果，有人做工作坊，有人擺市集，近年較多人選擇辦展覽，不光是擺放作品，而是主動跟參觀者介紹展覽主題和展品，跟公眾交流和互動。這樣，參觀者不只是逛了一個展覽，更能具體地認識 Fellow 的創作理念和工藝製作過程，甚至能了解各種社會議題。

Lab Fellow Ryann@ 一籃野以手工刺繡及鉤織，讓人認識野生動物和大自然。有一年的 Fest，她舉辦「大山與我」的展覽，以一幅刺繡地圖記錄她在大嶼山生活的種種片段，記下島上美麗的風光之餘，同時帶出填海工程對大自然的嚴重破壞。當時她擺放了一張沙發，供參觀者坐下來慢慢觀賞，也互相交流對填海工程的看法。我想，參觀者能從中感受工藝手作中，其實也帶着一份社會意義吧。

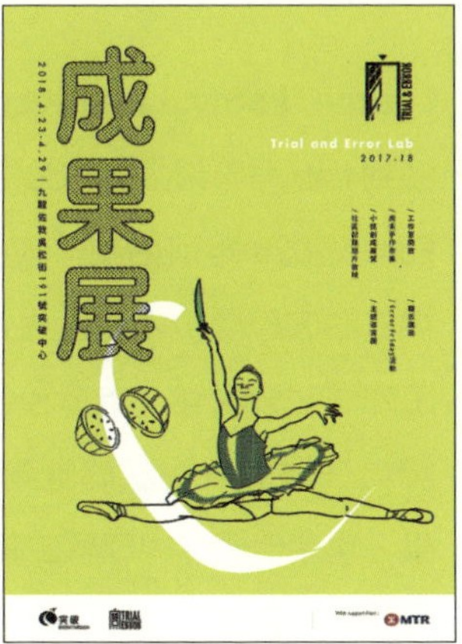

歷屆 Trial and Error Fest 的海報。

Ryann@ 一籃野在成果展 2021 舉辦「大山與我」展覽，記錄她在大嶼山見過的風光，也是她的成長印記。

要令人認同工藝價值和試錯精神，除了去看去聽之外，親身經歷也相當有效。我們曾經開辦過導賞團，由一班嘗試學院的學員分享他們的學習成果，例如：帶參加者在馬路上踩單車，探討另類的交通方式和香港的道路設計；又去重慶大廈認識南亞生活文化；還有跟隨電影的足跡，遊走油麻地等，讓參加者親眼看見、親身感受，不再停留在頭腦的認識和關心，而是引起他們的興趣，繼而以行動探索改變社會的方法。

推廣工藝價值，「齋講無用」，與其白費唇舌，不如親手做一次，自然會明白當中的價值。每年 Fest 期間，我們跟 Fellow 合作舉辦「工藝實驗室」，讓參加者能用一個價錢，體驗兩種工藝。藉着參與入門級的工作坊，體驗手作產品的製作，令參加者明白文創產品並不是「手作仔」，而是需要熟練的工藝技巧、產品設計的巧思，以及無比的耐性。

有時我在「工藝實驗室」偷聽到參加者的對話：

「睇落好似好簡單，乜原來咁難？」
「做一件都要咁耐，但賣得咁少錢，真係戥 Miss ／阿 Sir（所指的是 Fellow）唔抵！」
「做手作人真係唔簡單。」

每年 Trial and Error Fest，Lab 與 Fellow 合作舉辦「工藝實驗室」，讓公眾體驗不同手作工藝，認識工藝價值之所在。

當親手做過手作產品，就會明白箇中的困難，開始懂得分辨產品質素的優劣，以及學懂欣賞和珍惜工藝價值。長遠而言，這都是培養潛在的消費者，壯大整個文創產品市場。

雖然每年籌辦 Fest，都動用了我們全體管理員的腦汁與心思（每次都死去活來），但每次見到參觀者仔細欣賞 Fellow 的成果，用心聆聽他們勇敢嘗試的故事，令我們覺得這一切都是值得的。我們一直舉行不同的公眾活動，就像播下一粒粒種子，讓人由觀看到參與，再到一起行動，希望有朝一日可以成為又大又廣，彼此潤澤的森林。

試錯心法

「有麝唔一定自然香。」

做產品又好，服務都好，有時我們覺得做好自己，別人自然會知道自己的努力與付出，其實不然。要找出有效與人類溝通的方法，必須告訴別人，自己做了什麼。

以手作產品為例。擺市集時，除了展示製成品之外，還可以多展出產品製作過程，讓人了解產品原來要經歷九曲十三彎才成功出世，並不是「眨吓眼」就有。至於形式方面，影相又得，拍片亦得，得咗！

Trial and Error Fest 是 Trial and Error Lab 一年一度一型活動，與公眾分享 Lab Fellow 的試錯成果。活動形式，包括但不限於：展覽、工作坊、市集、短片放映等等。

2017-18 年度的成果展，有不同形式的活動。

2019 年成果展的主題「錯！係要咁試嘅」，有「曬你冷展覽」，也設有大型打卡區。

2020 年 Trial and Error Fest 主題「不正常__ __ 研究所」，回應這個「正常不正常」的世界。Jason@ 手作 J 為 Fest 雕刻主題印章，供公眾打卡之用。

不正常——研究所
正常/不正常，
再也沒有中間線
#正常不正常
面對不正常的環境，
如何繼續正常生活。

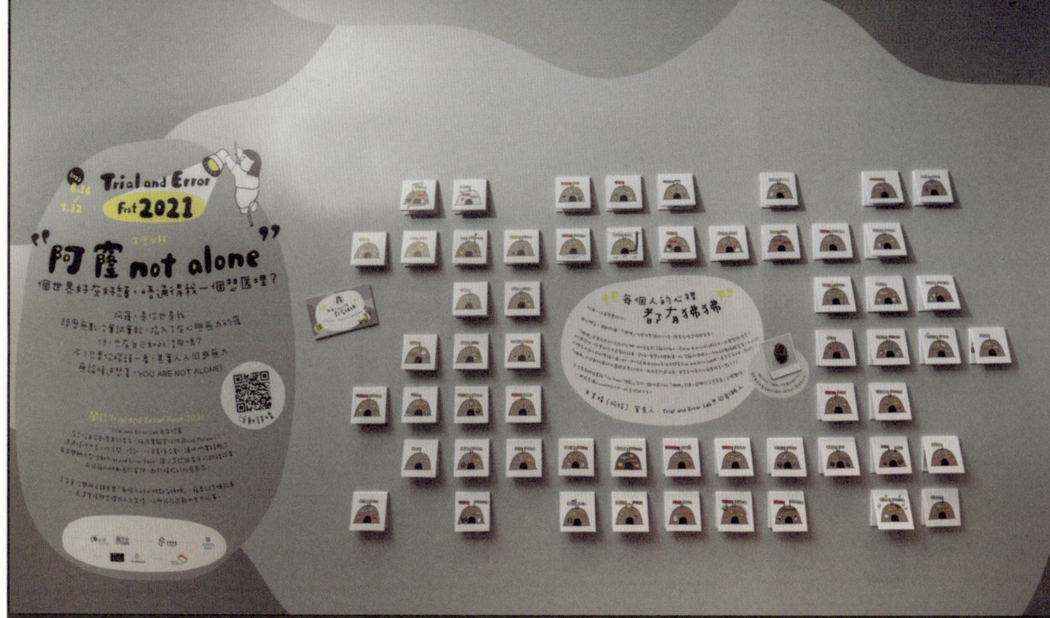

2021 年 Trial and Error Fest 主題為「阿窿 not alone」，主題展覽「每個人的心裏都有狒狒」，藉着五丨多個簡短訪問，分享大家的緊張與恐懼經歷。

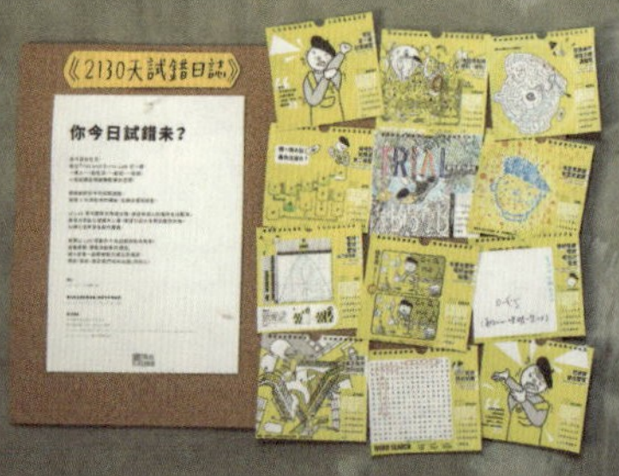

2022 年 Trial and Error Fest 主題「Freecation」，展覽「2130 天試錯日誌」記錄 Lab 由成立至今走過的片段。

每次 Trial and Error Fest 都會在突破中心舉辦市集，讓工藝師直接與公眾交流。

Lab Fellow 透過教授「工藝實驗室」，讓參與者體驗不同的工藝。

嘗試學院「一小誌研習班」學員的作品展覽。

嘗試學院「繪本創作研習班」學員的作品，在 Trial and Error Fest 期間的「繪本創成展」展出。

認識新伙伴

經營 Lab 好幾年之後，我們愈認識手作工藝師的需要，愈想為香港的文創產業付出更多，於是推出各項新服務，讓 Lab Fellow 之外的手作工藝師，都可以成為我們的伙伴。我們還跟本地的工藝師一起去海外交流和學習，探索文創產業的新可能。可想而知，整個團隊忙爆了！不過忙得開心，也成為支撐我們繼續走下去的力量。

帶着問題前來，帶着更多問題離開

每年 Lab Fellow 面試是我最期待的日子，除了認識不同的文創品牌，開拓眼界之餘，又能追上潮流。面試時，我們會按品牌發展和經營情況，向申請者提出不少問題，也會坦白我們對品牌和作品的意見。

老實說，有時真的擔心這會傷了他們的心，但他們的反應往往超乎我們的想像。雖然不是每一個品牌都被錄取，但他們往往表示感激我們的意見，令他們能客觀地看待自己的品牌，梳理目前的處境，知道往哪個方向發展。

有同事發現這種交流的需要，而我又想起最初的一百五十日實驗期想過做「咖啡會診」，一邊飲咖啡，一邊為文創品牌經營者或想開創新事業的人

「把把脈」，提出針對性的建議，幫助大家向前走。於是，我們重新思考這個構思，終在 2020 年推出 Let's Talk 面談諮詢服務。

可惜的是，本是想跟參加者邊飲邊談，但疫情爆發至今一直沒有這個機會，諮詢全部改以視像方式進行。雖然未能面對面傾談，但無損諮詢的質素（自己認為）。

Let's Talk 參加者大部分是文創品牌的新手，多數少於一年的經營經驗。這跟 Lab Fellow 不一樣，他們大多有一至三年經驗，對營運品牌有多一點認知，投入程度也較高。如果說 Lab Fellow 是準備作賽的選

Lab 舉行 Let's Talk 服務，為有意經營文創品牌的參加者提供建議。

手，Let's Talk 的參加者則像在池邊考慮要不要或如何下水的初哥。

在一小時的諮詢環節裏，我們跟參加者分析目前的經營狀態，包括收入模式、宣傳方式和目標客群等等。又會問他們很多問題，例如：「做品牌到底是為了興趣還是維生？」、「如果沒有正職工作的收入，品牌還可以生存嗎？」、「產品除了做得漂亮之外，還為客人帶來什麼意義？」，（迫）使到參加者誠實面對自己，認真思考經營的核心。同時，我們會給他們一些建議，如社交媒體的帖子分類法、加強視覺溝通的方法，以及如何好好控制品牌的「血糖」（即收入，參〈Lab Fellow 的市場探索〉的「試錯心法」）。

完成諮詢後，參加者多數會說：「唉呀，要想很多問題啊！」（抱頭）

我：「對啊！一開始的時候，我說過你會帶着問題前來，帶着更多問題離開啊！」

不是我們偷懶，不解答參加者的問題，而是以上的問題往往沒有標準答案。每個品牌的經營狀態不一，我們的提問只能作為一面鏡子，協助參加者看清現況，讓他們知道要往哪個方向思考或測試，而不是對着空氣盲目出拳，浪費金錢、時間和心力。最終還是要求參加者認真叩問自己，坦誠地直視內心才行（「係好係醜，唔好呃自己接受」）。

有時，隔一段日子，我們會再看看參加者的社交媒體，關心他們有沒有改善（偷偷檢查功課的概念？）。當看到有些參加者根據建議修正，令品牌形象有所提升，不知怎的，我的心情就像鴨媽媽看見鴨寶寶勇敢下水游泳一樣欣慰！

優質文創產品，不能只有我看見

每一年，研究部的同事都會跟 Fellow 做問卷和訪談，了解他們對 Lab 的意見。Fellow 往往提到自己的工作很多，又要教班又要擺市集又要接訂單做貨，還要送貨寄貨，更要構思社交媒體帖子內容和設計圖片……當中最痛苦的莫過於處理一大堆行政工作，例如：回覆客戶查詢、結算帳目和營銷推廣等等，極為費時又不是他們擅長的領域，於是沒有時間研發新產品或探索新市場，長遠影響他們的品牌發展。因此，他們想：「如果有人可以提供銷售和宣傳推廣的支援就好了！」

後來，我們申請新的基金贊助時，想起工藝師普遍面對的困難，便在 2021 年開拓一站式的銷售平台「盒嘢」（HubYeah），發掘本地有質素、有溫度的初創文創品牌，支援他們的產品攝影、銷售宣傳和行政物流等工作，既像一個盒 —— 匯聚各方優質的產品，也像一個 Hub —— 連繫有心的消費者、有質素的品牌。

除了 Lab Fellow，「盒嘢」還有其他本地的文創品

Lab 開辦銷售平台「盒嘢」，並在突破書廊設置主題快閃限定店。

牌。開始時，我們以網店為主，偶爾在突破書廊做主題快閃限定店。經過幾次實體店寄賣後，我們發現雖然網購愈來愈流行，很多消費者還是喜歡行街Shopping，親手接觸產品才決定購買。或者，有些產品真的比較適合在實體店寄賣，因為產品照片再美，還是「真人靚過上鏡」。於是，我們在佐敦的突破書廊增設店中店，作長期的銷售點，配合網店作雙線發展。

透過這個平台，我們認識了不少有質素的文創品牌，例如：Pretty Prints。最初我在市集見到她的布藝產品，覺得圖案很獨特，傾談之下才發現圖案全由她設計——選用台灣布，在台灣印製，最後由她親手縫

我們邀請文創品牌 Pretty Prints 在「盒嘢」寄賣，圖為原創印花小布袋。

製。如果不仔細了解，不會發現小小的布藝品，竟藏着如此的巧思。我們認為值得把她的品牌介紹給消費者，於是邀請她參與寄賣。

我們為她的產品拍攝產品照，也做宣傳推廣，而最大的突破是來自快閃店寄賣。2022 年 8 月，我們在突破書廊進行一個月的實體限定店，大概書廊的消費者都是愛書人，Pretty Prints 的書套銷情不俗，甚至要調動網店的存貨應付需求。

品牌也好，計劃也好，有時發展到某個階段就會遇上樽頸，或停滯不前，需要接觸新的人和事，為自己帶來衝擊。Let's Talk 和「盒嘢」對 Lab 而言，是一扇通往更廣闊世界的窗，讓我們除了接觸 Lab Fellow 之外，還能持續認識新的文創品牌，了解最新的市場趨勢，擴大同行伙伴的網絡，幫助我們的計劃不斷推陳出新。

「盒嘢」網站

最後要提的是，「盒嘢」這個平台仍然不斷摸索，需要你的參與才能成事，如果你想認識更多優質的本地文創品牌，歡迎瀏覽「盒嘢」網店（https://hubyeah.com）；要是你想見見 Pretty Prints 和其他品牌的產品實物，歡迎親臨佐敦突破書廊（對！這是殺你一個措手不及的「植入式」廣告）！

試錯心法

"Never stop learning."

工作踏上軌道，容易變得因循。當「可以跟着過往做法」的念頭出現時，就是最危險、最易被淘汰的一刻！因此，我們要有不斷跳出舒適區的心理準備，令自己擁有能夠隨時學習新事物的能力。

行出去，去遠啲

我們期待每一位 Lab Fellow，在進駐的日子裏能夠磨練技術、確立市場和為品牌定位，而長遠來說，更希望他們可以擴展和深化經營，最終為香港創造文化。不過，Fellow 也好，其他工藝師都好，有時未發展到深化經營，已經遇上樽頸，不知道如何走下去。即使做自己喜歡的事，內心依然感到空虛。想要持續發展文創品牌，最好的方法就是多看看新事物，開闊視野。

探索海外市場，開闊眼界

由 2017 年開始，我們與台灣的大型手作展會「亞洲手創展」（Pop Up Asia）合作，由以觀察員身分採訪、帶 Lab Fellow 參與展會，再帶本地工藝師開辦工作坊，既讓香港的青年工藝師在外地測試市場，亦看見台灣以至亞洲各地文創產業的發展。

「亞洲手創展」是亞洲第一個連繫文創產業生產線上下游的展會，由材料商、生產商、工藝師及工藝學校，以致不同銷售渠道和買手，都會在攤檔及交流會等遇上，使未來出現各種合作的可能，擴大亞洲文創產業的版圖。

香港的文創界活動，要不是平凡如鄰家女孩的手作市集，就是高不可攀的大型展覽，而「亞洲手創展」正好介乎二者之間規模的展會。我們相信參展是一個讓青年工藝師提升境界，學習新事物的機會。於是，2018 年我們帶領五位 Lab Fellow 和一位本地工藝師參與「亞洲手創展」。

展會為期四天，在台北的松山文創園區舉行，當中有三個展館，包括材料館、主題館和品牌館，有超過三百個來自台灣以至亞洲區的手作品牌參展。我走在其中，看見不同品牌，大開眼界。香港的市集一般很少聚集這麼多品牌，除了本地的手作，更有來自亞洲各地的品牌，能認識其他地區的文創產業發展。而且，竟然有機會接觸到文創產業鏈的其他持份者，例

時任台北市政府產業發展局林崇傑局長（右四），與參展 Pop Up Asia 的 Lab Fellows 合照留念。

如：屬於產業鏈上游的材料供應商、生產商、零件商等等，見證產業的版圖又多又大，實在有點震撼。而令我最意想不到的是，即使是平日的白天，佔地有三個倉庫之大的會場竟然人頭湧湧，不禁狐疑：「大家不用上班嗎？」除了認識當地人的上班時間之外（才不是），我們還見識參展與擺市集的分別。

展示作品，竟是把一間店搬來？

有台灣品牌的負責人把大型木枱、櫃子，甚至打銅器的工作枱搬至會場，像是平日所見的工作室，而不是一個短期攤位。不是因為他們有主場之利、運輸方便，而是他們以「經營一間商店」的視野規劃空間和陳設。

在眾多檔位之中，台灣首飾品牌 Dodowu 很快就吸引我的視線。整個攤位是雙連式，用麻布為背景，綴以大量乾花，充滿田園風味，猶如一間準備長期營業的商店。換作一般的品牌負責人很可能用盡每一吋空間擺貨，但 Dodowu 不但只用兩張枱展示作品，還騰出大量空間，讓客人悠閒地走動。

「檔位佈置是品牌精神的延伸。」品牌創辦人小玉老師說，「我留下一大片空間，就是想讓人在選購的過程中，感到自在和舒適，就像戴上我所做的貝殼和晶石手工飾物一樣。」

在這個展場中，我們看到很多品牌，不只注重枱面陳列，更在意整個攤位的空間運用和氣氛營造。攤位不只推銷產品，更是展示品牌個性的舞台，走入其中，就能理解這個品牌的定位與價值。

反觀我們的攤位，可能香港地細租貴，早習慣了用盡每一吋空間，把所有地方填滿產品，以增加銷售機會，來到台灣擺攤的我們，檔位仍是擠得密密麻麻，遠看更活像一間大劏房，一看便知來自香港（好Error，嗚）。

尋找他鄉市場與客群的故事

在會場中，除了台灣的工藝師，我們也遇上香港同鄉「織園」。「織園」是一人品牌，用自家編織的布料製作袋、圍巾，甚至畫作。攤位放置了織布機，給客人作工藝體驗，也有少量作品售賣。這裏的租金不便宜，以一個剛發展的品牌來說，應付到嗎？

創辦人 Cloudy 指：「相比香港市場，我的作品很受台灣人歡迎。」當時她的品牌創辦三年，參加了兩次「亞洲手創展」。她曾因作品在香港不太受注目而沮喪，沒想到在台灣居然頗受歡迎，「參與台灣展會，才知道要發展台灣市場，因為他們都喜歡這種色彩悅目的織品。」她續指，擺展第三天租金已經回本，「畢竟香港的市場較小，而過去認識海外市場的門路也不多。在這裏，實在為創作打下強心針。」

另一位遇上的同鄉是 Agape 的 Rolland。他做的是樹脂畫藝術，把環氧樹脂製成圓形的藝術品，小至杯墊、大至掛牆裝飾皆有。他的專業是建築及室內設計，於 2016 年創立品牌 Agape，常為香港的酒店、餐飲設計裝飾品。老實說，他的海浪、天空作品超美，但香港人的家太狹小，未必可以容納。

第二年參展的他，坦言想在海外尋求合作機會，更想跟喜愛藝術的人交流：「我做的是 Glow with the flow（隨流）的藝術品，圖案每個不同，希望提醒自己與他人對生活要有所反思。台灣人對藝術未必很認識，但比較開放和尊重，不只問產品的價錢，也願意了解我的創作理念。」

有時去到海外，才能從其他的角度重新認識自己，找到適合品牌發展的定位，以及產品的優點。這令我想起 Fellow 不時分享自己的經歷，例如：在市集無人問津，最後白交租金，浪費心力和時間，甚至開始懷疑自己的能力欠佳，變得灰心氣餒。

有時候，我們出去走一走，才發現真正的市場，甚至懂得欣賞自己的人在哪裏 —— 這個地方可以在香港，也可以在其他國家、城市。當自己的產品在香港未必有預期的效果，可以嘗試尋找其他的方法。我要強調，這不是代表出走他方就一定更好，只是這可以是另一個可能。要保持「心態佛系，做法務實」，可以試的方法盡力試，可以爭取的機會就儘量爭取，但不要強求一定要有某些成果。

保持初心，修正做法

汲取 2018 年參展的經驗，我們有四個觀察：

1. 到海外測試市場，其他人的經驗和視野分享，的確可以啟發工藝師的創作；
2. Lab Fellow 的產品多以手作工藝為主，每一件都是人手製造，較少可以進行輕產量；同時，不少品牌發展仍然在初起步的階段，故此「亞洲手創展」這類接觸大型合作機會的平台，未必最適合他們；
3. 既然未必每一個 Fellow 都適合這些場合，應該把海外交流的機會，同時開放給 Fellow 之外的工藝師；
4. 只顧擺攤銷售，沒有太多時間讓工藝師四處參觀。

第二年，也就是2019年，我們繼續保持「測試市場」和「開拓眼界」這兩個目標，但修正海外交流的做法，首次（也是目前唯一一次）推出「試錯遊學團」，帶五位本地工藝師去台灣進行七天的交流。團中有四位不是Fellow，完全是初相識就要去外地密集相處。雖然事前有幾次工作坊讓彼此認識，出發前還是擔心在旅程中會吵架（最後沒有）。

今次，我們參與了「好好手感微笑市集」，以及在「亞洲手創展」舉辦手作工作坊。有些團友的產品在香港未必大賣，在台灣銷情良好，例如：以回收木製作手錶的品牌「木表」。他們推廣環保，回收建築廢料或舊家具的木材，經切割打磨等工序，再製成便於配戴又防水的手錶。他們在市集得到不少客人的支持和查詢，業績比平日在香港擺市集好（他們謙稱自己的產品帶得太少）。

以圖案代替說話，以溫柔代替暴烈

由於上次的海外交流只顧守在攤位，未有太多時間參觀和交流，這次交流團特別安排不同的環節，讓團友與台灣的工藝師、設計師、藝術家和文創單位進行交流，從台灣的先行者身上，看見文創產業發展的更多新可能。

「試錯遊學團」團友合照。

「試錯交流團 2019」其中一個目的是讓本地工藝師測試海外市場。團友 Kelly@ 鞠物 GukMat 向台灣消費者介紹產品。

木表 Woodwatchhk 品牌創辦人 Leon，在台灣的手作市集遇到不少欣賞他們作品的客人。

其中一個交流的單位，是台灣印花圖案品牌「印花樂」。他們在 2008 年成立，產品圖案多以台灣生活為題，例如：台灣原生物種、舊式建築物、舊磁磚花紋等等。為了讓旅客記得在台灣的美好片段，他們把當地的小吃、水果、古早味的零食等等題材印到布料上，成為隨身攜帶的餐具套裝，令人一看見就想起台灣；他們的產品還有帽子、門簾、圍裙，甚至文具和手機殼等，更有印花布匹供應。

他們的圖案看起來親切溫柔，但藏着社會議題，想要為社會帶來改變。共同創辦人邱瓊玉說：「我們希望商品都從環保出發，關心地球的生態。」台灣擁有全球最多遠洋漁船，人們對漁業並不陌生，「就像這個有關海洋的圖案，遠看是普通的碎花花紋，近看就會發現是一隻隻漁船，有不少可怕的流刺網。海洋的資源，因為人類的濫捕和掠奪變得愈來愈少。」

想到這些繽紛和輕鬆的圖案，其實隱含嚴肅的環境議題，正好令不太認識環保的人，有機會接觸相關討論。「在支持環保與不環保之間，還有很多中立的人。我們用富美感、輕鬆的方法，提供實踐環保，也有生活品味的用品。如此一來，就能夠把本來不太環保的一群，拉近環保生活多一點。」未來她們計劃選用更多有機材料，減少使用在生產過程中耗水量高的棉花，為客人提供美觀實用的環保產品。

「印花樂」的產品設計藏着社會議題，如這幅印花布匹關注海洋生態。（相片由印花樂提供）

團友 Wasa@Alohawasa 親手繪製了一幅作品，送給印花樂作為紀念品。

經過七日的交流，我們探訪了不同的文創和藝術單位、參與市集和工作坊，又參觀「亞洲手創展」，雖然身體很疲累，心靈卻很滿足，甚至流連忘返。有工藝師參觀「亞洲手創展」時，看見有其他亞洲地區的插畫和紙品品牌，吸引他們逐個細看研究，看到欲罷不能，忘了集合時間。這些觀察正好開拓工藝師的眼界，讓他們看見文創產業的各種可能和做法，大大地豐富他們的想像，發現做文創或設計可以走得更遠，加強他們繼續堅持的決心。

有些工藝師則在這裏找到懂得欣賞自己的客群。其中一位工藝師阿業 @「水熊阿蟲」自小住在南生圍，帶了一些用該地植物製作的產品去手作市集。參觀者很用心聽他介紹產品，認識他與土地的故事，讓他知道自己的產品，其實有人懂得欣賞。

今次遊學團算是達成最初所訂立的兩個目標：「測試市場」和「開拓眼界」，更改變我們對文創活動的印象。可惜，後來因着疫情，無法再舉行（嗚）。

一直以為文創活動只有市集，其實還有其他形態，可以成為連繫文創產業鏈的平台，讓各個持份者彼此連結，為產業建立更大的網絡（也就是一直說的「做大個餅」）。

而且，遊學團也改變了我們參與文創活動的心態。工藝師平日去市集多是擺攤做生意，而我則是做市場考察（當然還有逛街和消費），今次去台北的交流，讓我們跳出工作模式，開啟了觀察模式，反而有新的視點，吸收更多新的意念，重新審視自己的營運模式。

在今次的遊學團中，我們看見文創產品不是「手作仔」，而是可以傳遞信念和價值。透過淺白親民的方式，吸引消費者關注社會議題。這是創意和設計所擁有的力量，也是每個文創產業者的責任。

試錯心法

梵高說：「很多偉大的事情，都是從很多很多的小事集結而成」（Great things are done by a series of small things brought together）。

小小的嘗試，未必馬上帶來重大改變。但經過一次又一次的嘗試、修正再嘗試，就有可能出現變化。嘗試，是尋找出路的起點。

2200+日的試錯結語

2016年，我們帶着一個問題開始：「如果有一個空間讓青年勇敢做嘗試，到底會發生甚麼事？」

當時的我們並沒有答案，也沒有相關經驗，只是邊走邊試。犯了錯，檢討問題，修正，又再嘗試。七年間不斷重複試錯（有時的確心很累），最後一步一步走到這裏。

原本這實驗只打算做一百五十日，最後變成二千多日，出現很多我們意想不到的結果。

有些青年本來以半職方式，或工餘時間經營文創品牌，但因為可以低於市價租用共享工作空間，於是由一張小小的工作枱開始，探索全職經營的可能性；有些在進駐期後，租用獨立工作室，作為文創事業發展的基地。

有些發現適合自己的客群和市場，找到清晰發展的方向，不再胡亂向空氣出拳。有些透過不斷試錯，慢慢認清自己心中重視的價值，勇敢走出屬於自己的路。有些看見先行者的示範，啟發和鼓勵他們做新嘗試，創造出新的可能。

這計劃能夠走到這裏已超乎我們的想象，沒想過我們有機會跟許多文創品牌一起同行成長。原來有空間讓人做嘗試，真的就有新可能。總結這七年，我們發現推動人夠膽做新嘗試的三項元素：空間（Space）、指導（Guidance）和群體（Community）。

空間，除了指實體空間，也是心靈空間，放手讓想嘗試的人嘗試、撞板。記得 Lab Fellow Ryann@ 一籃野（手工刺繡及鉤織品牌）分享，她曾經扒艇：「家長和老師就好像教練，就算他叫得幾大聲都好，最終願不願意用力扒艇，還是由艇上的人話事。」

作為岸上的人（aka 旁觀者）容易沉不住氣，以「我為你好」之名出手調校青年做嘗試的跑道，又或者提供很多方法給他們，希望他們早日成功，但沒想過他們的意願，以及因撞板而累積的經驗是多麼的寶貴。

至於指導，不是指高高在上，「塞錢入你袋」的方式，而是彼此互為伙伴，分享自己以往的（撞板）經驗，也針對不同人的處境，提出一些可行的建議。但是，不強迫對方要遵從，而是默默的陪伴，在對方有需要時再提出幫忙。

最後一項是群體。成立七年以來，超過七十個文創單位進駐 Trial and Error Lab。Fellow 在這裏遇到志同道合的朋友，同是從事文創，容易明白彼此處境，提供合用的行業資訊；看見別人奮力工作，自己也不能示弱，不知不覺便進步了許多。

我們最初期望大家可以有勇於嘗試，敢於撞板的精神，慢慢找到適合自己的出路，也想令更多人相信不論職業選擇也好，人生規劃都好，其實不止一條路，是可以豐富而多元。我從 Lab 多年來接觸和同行的青年身上，相信他們或多或少擁抱到試錯精神吧（不管你信不信，反正我相信了～）。

以上就是我們七年以來有血有淚的試錯故事，而目前這種形態的 Trial and Error Lab 將會在今年第三季暫時告一段落，因為有另一項新嘗試正在等待我們，再一次踏上嘗試的路途！

所以，接下來該換你去寫屬於自己的試錯故事了！

記得要一直試，直至找到你的出路。

TRIAL AND ERROR!!
NOT STÜBBORN!

歷屆 Lab Fellow 合照

2017

2018

TRIAL
唔試唔知做得到
You never know it can be done until you try.
唔試唔知
做唔到
有意見要聽，
有意見要講。
Listen to fair comments.
Give fair comments.
堅持堅持堅持！
Persistent, but not
Stubborn!
stion boldly.

2019

2020

2021

2022

Trial and Error Lab 的兩位 Co-founder：司徒咏姍（左）與王育娟（右）。

管理員合照

Trial and Error Lab 的日常大小事務，得以成功運作，
背後有着一班管理員互相補位。

2018

TRIAL
ERROR
WELCOME TO
TRIAL AND
ERROR LAB
今個10月．如常試錯
TRIAL
ERROR

2020

2022

零零碎碎的內心小劇場及鳴謝

這幾年，我經歷了很多個「沒想過」。

雖然我是中文系畢業生，但我沒想過自己有機會出書；更沒有想過，我能夠在籌備婚禮、策劃下一個工作項目，以及在 Lab 日常的忙碌工作之間完成這本書。

正如成立 Trial and Error Lab 的時候，我們也沒想過能夠開展新的計劃，而且一投身就營運了七年（出版的時候就是了）。更加沒想過這裏能成為一眾敢試敢錯的青年的避風港。

Trial and Error Fest 2022 在開展前，Fellow 先向管理員和其他 Fellow 介紹他們的展覽，讓我們成為第一批參觀者。聽他們細說展覽的緣由和細節，也許我們是「自己人」（自己認為啦），分享的版本比較詳細和深入，有些人（講的、聽的）同樣眼濕濕。

有些展覽者提到他們在最不快樂的兩年進駐 Lab，這裏剛好成為他們的避風港，讓他們可以沉默自閉，慢慢地療傷；有些 Fellow 則在這裏遇到好伙伴，互相扶持，並肩作戰（或彼此欺負扭鬥）。

我一直以為這個計劃是讓人放膽嘗試，沒想過也成為受傷的人的療傷地，讓他們走到累時，有個地方可以安然休息。

—— 沒有上文下理的分隔線 ——

我們與 Fellow 的關係很微妙，介乎包租婆與租客、服務提供者與使用者、好友與 Hi-Bye Friend 之間。因此，我們的對話有時幾匪夷所思。

Lab Fellow Ryann@一籃野提過有管理員跟她說：「Lab 這裏什麼都可以畀你，除了錢。」（？！）

她忘了是哪個管理員講，但其他管理員紛紛表示不是他們，我就成了最大的「嫌疑犯」。我估計那句話不是說，任由 Fellow 予取予求，而是盡己所能提供他們所需要的東西（都說不是我講）。相信這份願意支援的心意，令他們不單純視我們為服務提供者，彼此的關係只是一買一賣，而是伙伴，是群體。

她又說：「管理員不是特別聰明，也不是懂得所有事情，有時還會犯下『騎呢古怪』的錯，但他們特別善良。」

多謝 Fellow 的信任和接納，視我們為同行的伙伴。原來只要願意真誠相待，就會換來真誠回應。

—— 又是沒有上文下理的分隔線 ——

最後，老套地向以下的人士說聲多謝。如果沒有他們，就沒有 Trial and Error Lab，以下排名不分先後。

謝謝阿姍，幸好當年有你和我一起經歷大大小小的扭鬥、咆哮和抓臉。多謝你為 Lab 定下很多重要的核心價值，你是我打拼開辦 Lab 的戰友！

謝謝 Trial and Error Lab 歷代管理員 Becky、Bobo、Ceci、Gi、Gina、Janet、Johnathan、Mark、琬婷，你們在工作上的補位，令我可以抽身寫書，還有多年來包容我容易緊張焦慮的性格，忍手不打我。

謝謝歷代 Lab Fellow。是的，管理員不是特別聰明，也不是懂得所有事情，有時還會犯下「騎呢古怪」的錯，但感謝你們的包容和愛護。

謝謝攝影師 Andy 為整個計劃拍下不少動人的相片，多年來用心教導 Fellow 和其他工藝師，幫助他們影出「有相有真相」的產品照。導演波仔用心構思和拍攝每一條短片，更出動私伙器材、私家車，甚至動員教會的年輕人一齊拍片！還有最強 Intern Agnes，由最初做實習生，約滿後回來做 Freelance，再臨危受命參與 Trial and Error Fest 2021，每一次你的表現都令人讚歎！

謝謝研究部碧凌仔細分析從 Fellow 和活動參加者所收集的意見，成為 Lab 發展重要的座標。謝謝研究部 King，你那一句「每個事工應該隔五年檢視自己一次，好好思考是否值得繼續」，成為 Lab 以至我的重要提醒。

謝謝 Andrew，在你身上看見「信念先行，資源後至」，不被眼前的困難所限，而是仰望供應的主。謝謝 Wilson 經常落手落腳幫忙，只要需要人幫手，你就會出現；感謝柏堅在我們想不通問題時，只要一找你，就會得到啟發，好神奇啊！

多謝 Joyce 容許我們試行一百五十日的實驗，相信當年要回應董事會不少的提問吧？感謝你為我們開拓了一片嘗試的空間。

謝謝 Wing & Kai，你們是 Lab 的 Logo 和 Corporate colour 的父母，感謝你們為 Lab 設計出各樣充滿個性的宣傳品！

謝謝 Perine & Ronnie 從一開始便跟我們合作，教導一批又一批青年工藝師，改善他們的包裝和陳列，又幫助他們找到自己的品牌定位。謝謝一鳴，每次我們有新東西想試，但不知如何入手的時候，只要來找你，就會得到意想不到的建議！

謝謝嘗試學院導師們和 Error Friday 嘉賓，無私分享自己的經驗和（間中撞板）心得，令想投身創意行業的青年可以少走冤枉路，發展得聚焦，更有方向。

謝謝突破書廊經常接納我們的大膽建議，陪我們一齊癲；突破輔導中心借出房間，讓我專心寫作（不時還有美味的食物）；營地及設施管理組，提供突破青年村優美的住宿環境，令我靈感湧現！

謝謝編輯 Dawn，經常開解寫書寫到懷疑人生的作者（即是我），以及修改我寫到「一嚿嚿」的文章。

感謝各個基金和支持者，以及一眾力撐 Lab 嘗試與撞板的伙伴們（排名不分先後：港鐵公司、社創基金、創匯點、Z 蘇黎世基金會、黃廷方慈善基金、社區伙伴、伍集成文化教育基金會、何善衡慈善基金會）。你們成為我們的伙伴，不論出心、出錢還是出力，因為有你們的支持，我們才有動力繼續去嘗試，一起為這城市找新出路。

不得不多謝以前的自己勤力地寫下不少文章，令現在的我可以「資源回收」，節省不少寫作時間！

謝謝我的未婚夫（出版時已變成老公）不時聽我的碎碎念、胡言亂語，甚至咆哮（！），謝謝你的陪伴。

謝謝上帝，若不是祢在許多人心裏動善工，便不會有許多同行者一起支持讓青年敢試敢錯的異象。

最後，小妹記性不佳，如有遺漏，敬請多多包涵！

嘗試，直至我們找到出路
作者 / 王育娟
策劃編輯 / 史曉晴
美術設計 / 西奈
相片 / 黃國榮、Trial and Error Lab 團隊
出版發行 / 突破出版社
香港沙田亞公角山路 33 號突破青年村
電話：2632 0000　傳真：2632 0388
電郵：breakthrough@breakthrough.org.hk
網址：http://www.breakthrough.org.hk
http://www.btproduct.com
2023 年 3 月初版 1 刷

Trial and Error Lab: Explore and Make Our Way
By Agnes Wong
First Printing, First Edition, March 2023

Printed in Hong Kong
ISBN 978-988-8562-77-0

憑信堅立向前

本書為突破 50 周年紀念出版，承蒙支持者贊助製作經費，特此鳴謝。
誠邀閣下就突破出版社的書籍發表意見。
歡迎加入突破書籍 Facebook page – http://www.facebook.com/btbooks.page
本書採用環保油墨印刷